中公新書 2429

前田正子著

保育園問題

待機児童、保育士不足、建設反対運動

中央公論新社刊

保育園問題　目次

序　章　保活に翻弄される親たち……………………………3
産休前から始まる保活　赤ん坊を抱きながら何時間も電話　難解な入所申し込み　年度末生まれは保活の負け組？　20年以上も変わらない状況　板挟みに悩む行政　なぜ待機児童が生まれるのか
第1章　日本の保育制度をつかむ……………………………19
幼稚園・認定こども園・認可保育所――子ども・子育て支援新制度　保育所の認可と認可外とは　入園希望の集まる「認可保育所」　認定こども園の狙いと現実　幼稚園の現状　施設型保育の不足を埋める「地域型保育」　認可外保育事業　認可外へのニーズ　事業所内保育所と企業主導型保育事業　地域と離れるデメリット　保育の必要性の認定　大量の書類と利用指数　自治体ごとに異なる複雑な制度　認可の保育料　豊かな自治体の場合　保育料をめぐる3つの論点

第2章　待機児童はなぜ解消されないのか……………………59
女性活躍推進と待機児童対策　実は定員割れしている保育施設　保育利用率の上昇　東京など都市部に偏在するニーズ　都市部内での偏り　子育て世代の流入に悩む地域　地方での偏り　待機児童になるのは誰？　作ると掘り起こす潜在需要　横浜市のケース　待機児童数は正しいか　どこまでを待機児童と見なすべきか

第3章　なぜ保育士が足りないのか——給与だけが問題ではない………95
高まる求人倍率　潜在保育士が多数派　保育所の運営費と保育士の給与　地域による違い　公立と私立の給与格差　長い労働時間、取りにくい休暇　責任の重さと事務的作業の多さ　保護者への対応　育児しながら働ける職場づくり　研修や助言の効果　保育士養成校と保育士試験　保育士のキャリアパス形成　長期的ニーズ

第4章　「量」も「質」ものジレンマ……………………………129
駅近か、園庭か　建設反対運動——保育所は迷惑施設なのか　地域住民といかに共存するか　深刻な保育士不足　経験の浅い保育士が激増　保育ができるのは保育士だけか　子育て支援員　保育事故　注意すべき睡眠、水遊び、食事　認可外に多い死亡事故　事故防止に必要なこと　保護者が理解すべきこと　自治体の検査と研修　現場への運営指導や援助　保育バウチャーは解決策になるか
第5章　大人が変われば、子育てが変わる……………………169
少子化時代の最後の砦として　親の経験不足と不安　孤独な母親たち　大人の働き方改革が必要だ　長時間労働、筆者の場合　病児保育や夜間保育は必要か　育児休業と0歳児保育　適切な育児休業の期間とは　欧米諸国と日本の比較　スウェーデン　フランス　ドイツ　米国　短時間勤務の親のためにも　密室育児から解放するために　過疎地での子育て　乳幼児期の保育と教育の意義　各国

の保育利用率
待機児童解消へ、8つの提言
これからの保育と教育
あとがき　223
参考文献　230

保育園問題

待機児童、保育士不足、建設反対運動

序章　保活に翻弄される親たち

2016年に大きな話題となった「保育園落ちた日本死ね」と題した匿名ブログの騒ぎを、みなさんはいかが思われただろうか。「そこまで言うか?」とか、「大げさな」と受けとった人も多いかもしれない。だが、待機児童の溢《あふ》れる都心部の保育所への入所をめぐる競争、いわゆる「保活」の熾烈《しれつ》さは並大抵ではない。

例えば、大学受験や就活、婚活といった競争と比べても、保活は特に厳しいと筆者は思っている。なぜなら、浪人という選択肢のある大学受験や、留年やアルバイトという選択肢のある就活、そして先延ばしの可能な婚活に対して、子どもを預ける保育所を探す保活には逃げ場がないからだ。

保育所に子どもを入れられなければ、親は仕事に復帰できない。空きさえあればどこでもいい、というわけにはいかない。毎日通える範囲でなければ、利用は無理だ。保育所に入れられないからと育児休業を延長するにも限界がある（基本的に育児休業は子どもが1歳になるまでだが、保育所に入所できなかった場合は1歳半まで延長できる。かつ２０１７年度中にはそれが2歳まで延長されることとなっている）。また、育児休業を取ることができない非正規就労の親の場合、保育所に子どもが入所できなければ、即退職を意味する。

保活には、子どもの健やかな育ちを支える環境の確保だけでなく、親の仕事・キャリアのすべてがかかっているといっても過言ではない。「保育園落ちた日本死ね」と書いた母親は子どもを保育所に預けられたのだろうか、そして仕事を続けることができたのだろうか、筆者はずっと気になっている。

産休前から始まる保活

ここからはある一家のケースを通して、保活の実情を紹介したい。

伊藤さん夫妻（仮名）は東京都杉並《すぎなみ》区在住の30代の共働き夫婦である。妊娠が分かったのは2016年1月のこと。出産予定日は8月だった。この時点で、育児休業を丸1年間取るのは無理だとあきらめた。なぜなら、育児休業を1年取ると、年度途中の8月に保育所に子どもを預けて職場復帰することになる。しかし保育所は年度初めの4月が一番入りやすく、杉並区のような激戦区の場合、4月1日時点で満員になってしまうため、年度途中に保育所に子どもを入れるのはほぼ不可能だからである。

しかし生後7ヵ月で2017年の4月入所を目指すにしても、保育所に入れるか定かではない。もっと保育所に入れやすい地域に引っ越すことも考えたが、子育てしながら働くことを考えると、都内からは動けない。しかも自宅は持ち家であった。杉並への愛着もあり、現在の場所で子育てすることを決心した。

みんなが目指す認可保育所（国が定めた設置基準を満たし、自治体に「認可」され、公費補助が入っている。そのため保育料も安い）に4月から入るためには、前年の10月から11月に区の窓口へ申し込む必要がある。5つの認可保育所に申し込みできるが、その選定と希望順位づけのためには見学が欠かせない。8月に子どもが生まれる前に見学すべきとも考えたが、働いている間は何かと忙しい。認可保育所の見学は、産休に入る7月以降に回すことにした。

一方、それと並行して、認可保育所に入れなかった時の「すべり止め」として、認証保育所（認可外保育所の一種で東京都独自の制度。国が定めた設置基準は満たしていないが、東京都が設定した基準は満たしており、都の補助が入っている。保育料はおおむね認可より高い）の見学や申し込みも進めていた。

区役所に一括して申し込む認可保育所と異なり、認証保育所は個々の施設に直接申し込む。そのため、申し込みの方法やスケジュールもさまざまで、その保活の始まりは認可保育所よりも早い。伊藤さん夫妻の場合、入所希望の1年近く前の5月半ばに、ある認証保育所に電話をかけたのが最初だった。すると、秋に開催する見学会の申し込み人数が多数で締め切り間際だという。この見学会は入所申し込みの機会も兼ねており、この見学会に参加できなければ申し込みすらできない。ギリギリで間に合ったのだった。まだ産休にも入っていない時期のことである。

この事態に慌てて、夫婦で手分けして自宅から通える範囲の認証保育所を回ることにした。認証保育所の申し込み方法は、区のウェブサイトに掲載されていた。しかし、妊娠中でも申し込みできる園もあれば、子どもが生まれてからしか受けつけない園もあるなど、申し込み方法がそれぞれ違う。それを夫婦で読み込み、打ち合わせをしてスケジュールを組み立てた。なかには、見学時に申し込み用紙が配られ、「専願ですか？　併願ですか？」と聞いてくる保育所もあった。もちろん伊藤さん夫妻を含め、ほとんどが併願なのだが、そう答えると選考に不利になってしまう。良心が咎《とが》めつつも「専願です」と答えた。

赤ん坊を抱きながら何時間も電話

出産予定日の前後に申し込み受付日が設定された園もあり、お産に集中することも難しかったが、それでも無事8月に子どもが誕生した。

子どもが生まれても、保活は待ってくれない。

例えば、申し込みに見学が必須の、ある認証保育所の場合、見学予約のために電話をかける必要がある。電話はある特定の日に朝10時から17時まで受け付けるというが、見学者にも人数制限があるため、朝10時からかけなければならない。当然、電話はつながりにくくなる。伊藤さん夫妻は、お互いの両親にも依頼して、朝10時から電話をかけ続けた。生まれたばかりの赤ん坊を抱きながら、何時間も電話をかけ続けた末、午後にやっとつながった時にはすでに満員、という結果に終わったこともあり、出産直後の不安定な心身には大きなダメージだった。

そのほか、出産直後に開かれた平日の見学会には、夫が仕事を休んで参加した。子どもが実際に保育されているところを見ないと、良しあしも分からない。保活と仕事の両立も、容易ではなかった。

こうして伊藤さん夫妻は、ひとつひとつ認証保育所への申し込みを進めていった。ある認証保育所は0～1歳児を計15人だけ預かる小規模な保育所だが、ホームページを見ると9月半ば時点ですでに0歳児74名、1歳児107名の申し込みがあった。最終的には数十倍の倍率となる。

厚生労働省は2016年4月から5月にかけて、ホームページ上で意見を募り、保活の実態調査を実施した。約5500人が回答し、うち約4700人が保活は負担であったと答えている。特に負担だったこととして、「市役所を何度も訪問しなくてはならなかったこと」と、「情報収集の方法が分からなかったこと」が挙げられた。また、見学しなければ保育所の実態が分からないため、「妊娠中からの見学」または「生まれたばかりの小さな赤ちゃんを連れての見学」が大変な負担だったという回答が寄せられている。

難解な入所申し込み

入所前年の10月から始まる認可保育所の申し込みも大変である。勤務先の就労証明書などの書類をそろえるのは難しくない。しかし、そこから先が保護者を疲労困憊《こんぱい》させる。

杉並区の場合、第7希望の保育所（認可保育所は5つまで、残りは地域型保育〔後述〕）まで書くことができる。希望する保育所を決める材料として、昨年度（2016年4月入所）のすべての保育所の申し込み状況が公開されている。

例えば「A園では、0歳児12人の枠に、第1希望で27人、第7希望まで足すと74人の申し込みがあった」といった情報が、ホームページに事細かに掲載されている。A園は1歳児の枠が15人だが、12人は0歳児から持ち上がってくるため、1歳児の新たな受け入れ枠は実質的に3人分しかない。その3人の枠に第1希望が13人、第7希望まで足すと78人が申し込んでいた。ちなみに同園では2歳児の新たな受け入れ枠は2人、3歳から5歳は0人である。つまり3歳児以上はすべて2歳児からの持ち上がりで埋まる、ということだ。

こうしたデータを見て伊藤さん夫妻は、1歳になってからではとても認可保育所に入所できない、なんとしてでも0歳児で保育所に入れなくては、と痛感した。だが、これはあくまでも昨年度の申し込み状況である。他の保護者たちも同じデータを見た結果、今年度はどのように申し込み動向が変化するのかも予想しながら、希望の保育所を選ばなければならない。

しかも入学試験並みに、「利用指数」の何点までの人が入れたかが、分かるようにもなっている。利用指数とは、親の「保育の必要度」を点数化したもので、その点数の高い人から、保育のニーズが高いと判定され、保育所に入れることができる。

杉並区の場合、親が月20日以上かつ1日8時間以上の就労だと、20点が基準指数として付与される（この8時間とは、休憩時間を含めての拘束時間のことである。所定労働〔拘束〕時間が短くなるに従い、減点される。残業時間は考慮されない）。伊藤さんは夫婦ともにフルタイムの共働きなので、40点が世帯の利用指数になる。ほとんどの保育所では0歳児の場合、この40点が入所最低指数である。つまり、フルタイムの共働き世帯同士で入所を争うことになるわけだ。

実はこの40点が最高点というわけではない。さらに調整指数といって、すでに認可外保育所などを6ヵ月以上利用して職場復帰しているとプラス2点、兄弟が同じ保育所にいるとプラス1点など、加点される。というわけで、なかには0歳児の入所最低指数が「41点」という保育所もある。つまり、兄弟がすでにその保育所にいる子どもか、育児休業を早めに切り上げ、ベビーホテルなどの認可外保育所を利用して職場復帰している人の子どもなどで埋まってしまうというわけだ。

こうしたややこしい仕組みを、区役所のホームページや資料を読み込んで理解しないと、保活では「勝ち組」になれない。伊藤さん夫妻は、隅から隅まで書類を読んで、仕組みを理解しようとしている。出産直後は医師からも安静にするよう言われるはずで、細かい字を読むなど疲れることはすべきでないが、そんなことは構っていられない。伊藤さん夫妻にとっては、書類を読み落としたり、仕組みを理解できないまま申請してしまい、保育所に入れないことのほうが、恐怖なのだった。

年度末生まれは保活の負け組？

さらに杉並区の場合、1歳児では入所最低指数が41点、42点という保育所が約半分を占める。つまり、育児休業を延長して1歳児になる4月まで待っていては、入所できる可能性が低くなる。伊藤さんの妻が勤める会社は育児休業をきちんと1年間取ることができる。育児休業の制度はあっても、職場の理解がなく実際には育児休業が希望どおり取れない会社もあるなかで、伊藤さんたちは恵まれている。だが、そんなことは関係ない。0歳で迎える4月に保育所に入所するというラインが、事実上の育児休業の終了である。

伊藤さん夫妻の子どもは8月生まれなので、まだ余裕があるほうである。子どもが2月末生まれだとしてみよう。4月には産休明けの8週ギリギリである。そもそも産休明けから子どもを預かる保育所は少なく、体力的に母親の職場復帰も難しいだろう。だが翌年の4月まで待てば、1歳になってしまう。どうしても杉並区で認可保育所に1歳から子どもを預けて働き続けようとすれば、年度半ばには、ベビーホテルなどの認可外保育所に預けて職場復帰し、6ヵ月の保育利用実績を作らなくてはならない。そうすると入所指数が42点となり、どこかの認可保育所に入れる可能性が高まる。

今の制度では、年度末に生まれた時点で、保活では「負け組」であることが分かる。『読売新聞』の2016年10月20日付の記事には、保活に有利になるように、予定日より1ヵ月早く帝王切開で出産した、渋谷《しぶや》区在住の母親の話まで掲載されていた。子どもにも母親にも、なんと過酷な状況だろうか——。

さて、伊藤さん夫妻は2017年1月末に通知を受けとった。残念ながら認可保育所の内定には至らず、夫婦ともに真っ青になった。認可保育所の結果が出た後しばらくは、認証保育所の電話もつながらない状況だった。認可保育所に入れなかった人が一斉に認証保育所に電話をかけていたからである。だが幸いに、認可保育所の結果を受けて辞退者が出た認証保育所に繰り上げで内定し、4月から通えることになった。必死に保活を頑張った結果だったが、知り合いのなかには、認証保育所もなかなか決まらない子どももおり、心から喜ぶことはできなかった。

20年以上も変わらない状況

「保育所に入れない」という問題は実のところ、ここ20年以上、基本的に変わっていない。働く母親が増えたことで社会的注目を浴びるようになったが、待機児童問題の本質は以前から何も変わっていないのだ。ここからは筆者の経験を踏まえてつづろう。

1990年に、前年の合計特殊出生率（一人の女性が生涯に産む子どもの数の平均）が丙午《ひのえうま》の66年の値を下回り、「1・57ショック」と大騒ぎになった。それを受け、94年に発表され、翌年から実施されたのが、待機児童対策を掲げた「エンゼルプラン」だった。この時に初めて、待機児童が社会的な問題として認識され始めた。

94年の夏、日本に帰国したばかりの筆者は2歳の長男の保育所を探して右往左往していた。直前まで、米国で大学院生として大学に通う傍ら長男を育てていた。保育の大部分を市場メカニズムに任せている米国では、良い保育所は料金が高く、料金の安い保育所は質が悪い。そこそこの料金で、質も良さそうな保育所はどこも満員で、入ることは本当に難しかった。

米国には、国としての育児休業制度はなく（一部の州や企業が独自に導入する制度はある）、恵まれた母親たちは保育所のほかに、安く雇える移民をベビーシッターやハウスキーパーとして雇い、仕事と子育てや家事をやりくりしている。最近では、中国系のベビーシッターを雇って、子どもに中国語も覚えさせる、というのがはやっているようだ。筆者がいたころは、「ベビーシッター任せにしていたら、子どもの第一言語がスペイン語になってしまった」と嘆く母親もいた。一方、金銭的にゆとりのない家庭では、料金は安いが、一目で質が悪いと分かる保育所（保育士の自宅の暗い部屋で、何人もの子どもを預かるような保育所もあった）に子どもを通わせたり、親族を頼ったりしてやりくりしていた。また、保育費用のほうが母親の賃金より高くなるため、子どもが小さな間は仕事を辞める母親もいた。

それに比べれば、公的資金が投入されている日本の認可保育所はずっと良いはず、と思ったのだが、入れる保育所がない。市役所に行っても、「年度途中の今ごろ何しに来たの？」という対応である。通える範囲の認可外保育所を片っ端から見学したが、良さそうなところはどこも満員である。

再就職が決まっていた私は、結局、なんとか唯一受け入れてくれた認可外保育所に息子を預けることにした。しかし、息子はその保育所の近くに行くと、足が動かなくなる。その保育所は、「ここしかない」と親に泣きつかれると拒めず子どもを受け入れていたので、スペースの割に子どもが多すぎる状態になっていたのだ。「いやー」と泣く息子を抱きかかえ、保育所に預け、逃げるように職場に向かう。このままでは息子がおかしくなるのではと悩むが、どうしたらいいか分からない。「子どもがかわいそうじゃないか。仕事を辞めろ」と責められると思い、誰にも相談できなかった。しばらくして息子は運よく認可保育所に入ることができたが、当初の保育所に通い続けていたとしたら、どこかで仕事を辞めていたのではないかと思う。今も同じような悩みに直面している人は少なくないはずだ。

板挟みに悩む行政

その後、エンゼルプランは「緊急保育対策等五か年事業」として数値目標を立て、1999年度をゴールに低年齢児保育や延長保育の拡大を進めていくが、十分な成果を残すことはできなかった。その後も、「新エンゼルプラン」（2000〜04年）、「子ども・子育て応援プラン」（05〜09年）が打ち出された。その間、01年には「待機児童ゼロ作戦」、08年には「新待機児童ゼロ作戦」、13年には「待機児童解消加速化プラン」が実施されるなど、保育所拡充による待機児童対策は継続的に取り組まれてきた。たしかに保育所は増えているのだが、事態は改善したのだろうか。

長男の出生から約10年後の２００１年の末、筆者は次男を出産した。育児休業は取れたものの、エンゼルプランの取り組みにもかかわらず、保育所事情は一向に改善していなかった。申込者の激増に、保育所の整備が追いついていなかったからだ。認可保育所はあきらめ、０歳から2歳まで見てくれる認可外保育所に妊娠中から打診し、預けることになった（当時はまだ、認可外保育所であれば、空きを見つけやすかった）。近所でも評判の良い保育所で園長先生がすばらしく、本当に安心できるところだった。しかし、３歳になった時、移る認可保育所がなかなか見つからず、苦労した。低年齢児を預かる小規模の保育施設は増えていたが、3歳以降の保育については十分な対策が取られていなかったからだ。低年齢児保育が拡大する一方で、「3歳の壁」といわれるこの問題は今も親たちを悩ませている。また一から保育所を探さないといけないのだ（利用指数の加点などの措置はある）。

その後、２００3年から07年まで、私は横浜市の副市長として、行政の立場から保育所の整備に携わった。駅前の便利なところに十分な土地はないため、ビル内に保育所を作ろうとすると、「庭のない、ビルのなかの保育所なんてとんでもない」と批判される。一方、親たちはいくら広い園庭があっても、駅から遠い保育所は不便で預けられないという。市有地の空き地に保育所を作ろうとすれば、「子どもの声がうるさい」と近隣住民の反対にあう。病児保育や夜間保育の施設も作ってほしいという声がある一方で、「そこまでして母親に仕事をさせたいのか。病気の時に親が休めるようにするべきだ」と責められる――。悩ましい毎日だったが、この板挟みの状況に、今も行政の現場は悩み続けている。

なぜ待機児童が生まれるのか

現在、私は少子化・子育て支援・自治体経営の研究者として、大学で教えている。大学生たちが、「日本は子どもが産みにくい。育児休業制度があっても取りにくいし、子どもを預ける保育所もない」と話す姿を見ると、暗然としてしまう。私が20年以上前に母親として経験した、保育所と子どもをめぐる問題は、いまだ解決されていない。先に見た杉並区の伊藤さん夫妻のように、地域によってはさらに厳しい状況になっている。そして若い世代に、子どもを産み育てることへの不安ばかり強くさせている。

本書では、なぜ少子化が進展するなかで待機児童が減らないのか、なぜ保育所がなかなか増やせないのか、認可と認可外の違いは何か、約76万人ともいわれる「潜在保育士」はなぜ保育所で働かないのか、保育所の事故予防はどうなっているのか、など基礎から日本の保育が抱える課題を解説していきたい。

待機児童や保育所の問題は、一部の共働き夫婦だけの問題ではない。人口が急激に減りだしている日本で、今後、若い世代が希望を持ちながら、働き、結婚し、子育てしていける社会になれるかどうかに関わる、重要な課題である。日本の保育問題が深刻なのは、親の働き方が長時間にわたり、厳しいことの反映でもある。親の働き方の問題も、保育同様ずっと課題に上がりながら、1990年代半ばから20年以上かけてもいまだに解決できていない。2016年の出生数はついに100万人を割り込み、98万人台となった。それほどいまだに日本は、子育てしにくい国である。1人でも多くの方に、今の日本の保育と待機児童を取り巻く課題を理解いただき、どうすれば日本が「子育てに夢を持てる社会」「子どもが健やかに育つ社会」になるか、考えていただければ幸いである。

（本文中では、正式な名称である「保育所」の表記を採用したが、一般に利用されている「保育園」「入園」などの表現も適宜使用している）

第1章　日本の保育制度をつかむ

幼稚園・認定こども園・認可保育所——子ども・子育て支援新制度

序章で紹介したように、子どもを保育所に入れるのに親たちは四苦八苦している。そして、保育所に入りたくても入れない「待機児童」と呼ばれる子どもたちが、2016年4月には全国で2万人以上発生している。日本では少子化が進んでいるというのに、なぜそんなことになっているのか、と思う読者もいるだろう。本章では、現在の日本の保育制度の概要について説明することで、保育所問題の基本をつかめるようにしたい。

2015年4月から新しく、「子ども・子育て支援新制度」というものが始まり、日本の

図表1－1　日本の保育制度の概要

認可保育事業（施設型保育）		
	施設数	利用児童数
認可保育所	23,447	2,136,443
認定こども園	4,001	*323,217

認可保育事業（地域型保育）**		
	施設数	受け入れ枠
小規模保育	2,429	41,620
家庭的保育	958	4,404
事業所内保育***	323	6,270
居宅訪問型保育	9	33
計	3,719	52,327

認可外保育事業	施設数	利用児童数
地方独自の保育事業 その他の認可外	6,289	169,007
ベビーホテル	1,749	32,523

	施設数	利用児童数
幼稚園	11,252	1,339,761

資料）内閣府ホームページ、厚生労働省保育課「保育所関連状況とりまとめ（平成28年4月1日）」、「平成26年度認可外保育施設の現況とりまとめ」、厚生労働省「「待機児童解消加速化プラン」集計結果」、文部科学省「学校基本調査」より作成。2016年4月1日時点（認可外保育事業の利用児童数は2015年3月、幼稚園は同年5月1日時点）

＊「保育を必要とする」という認定を受けている子どものみの人数で、認定こども園全体では54万4047人

＊＊地域型保育の利用児童数のデータは入手できなかったため、受け入れ枠を掲載した

＊＊＊地域型保育として認定を受けた施設数。それ以外は「その他の認可外」に含まれる

保育制度は大きく変わった（「子ども・子育て支援新制度」は大変複雑な制度である。この本では、保育の制度を大づかみに説明するために、制度で使われている用語を厳密には使用していない。その点はご容赦いただきたい）。

小学校入学前、0歳から5歳までの就学前児童がどこに通うのか、全体像を見てみよう（図表1－1）。就学前の子どもが通う場所としてまず挙げられるのは、幼稚園と認可保育所

である。幼稚園は一般的に3歳から5歳までの子どもが通う教育施設である。標準的な4時間の教育時間に加え、最近では園によって午後や夏休み中も預かり保育をするところがあるが、フルタイムで働く両親が子どもを通わせるのは難しい。所管官庁は文部科学省である。

一方、認可保育所は就労などの理由で、家庭で保育することが難しい保護者に代わって、0～5歳までの就学前児童を保育する施設であり、児童福祉法に基づいて設置された児童福祉施設である。認可保育所には福祉ニーズがあること、つまり「保育が必要である」ということを証明しないと入所申し込みができない。所管官庁は厚生労働省である（なお、筆者の考えでは、保育と教育は単純に分けられるものではないが、所管官庁の違いなどにより、便宜的に分けられているのが実情である）。

さらに最近では、幼稚園と認可保育所の機能を併せ持った認定こども園という施設も作られている。基本的には0～5歳の子どもが通うが、0～2歳児の受け入れは義務ではない。認定こども園は親の就労条件などにかかわらず、すべての子どもが通える施設であり、所管官庁は内閣府となる。共働きでない世帯の子どもは通常の4時間の教育時間で帰宅するが、共働き世帯の子どもは、教育時間の後は同じ施設で保育を受けることになる。図表1－1には、認定こども園に通う子どものうち、保育を受けている人数を記してある。

図表1－1には幼稚園や認可保育所の施設数や利用児童数をまとめている（地域型保育のみ、受け入れ枠の人数である）。今の日本には各年齢ごとに約100万人の子どもたちがいることを念頭に入れて、この図表を見ていただきたい。

保育所の認可と認可外とは

それでは本書のメインテーマとなる保育所について詳しく見ていこう。

図表1－1から分かるように、日本の保育は、認可保育事業と認可外保育事業のふたつに大きく分けられる。「認可」とは施設面積や保育士の人数など国の設置基準を満たしており、自治体から認可されている保育事業を指し、「認可外」は国の設置基準を満たしていないため、認可を受けていない保育事業のことである。認可保育事業には、国や自治体から公的な運営費が入る。一方、認可外保育施設には基本的に、行政からの公的な運営費は入らない。

さらに、2015年から「子ども・子育て支援新制度」によって体系化され、認可保育事業は大きな施設で大勢の子どもを保育する「施設型保育」と小規模な「地域型保育」に分かれている。施設型保育の中心は認可保育所であるが、前述したように認定こども園も増えつつある。一方、地域型保育は小規模な4種類の事業――小規模保育、家庭的保育、事業所内保育、居宅訪問型保育（いわゆるベビーシッター）——からなっている。

認可保育事業に関しては、国が保育の運営にかかる費用の基準（公定価格という）を決めている。それに応じて運営費の一定割合を市町村に渡すのは国の役割である。しかし、地域にどれだけ保育ニーズがあるかを見極め、ニーズに応じて計画を立て、実際の供給に責任を持つのは市町村である。

認可外保育事業は、いわゆる「ベビーホテル」が代表的である。このなかには、国の設置基準を満たしておらず認可を受けられないが、自治体独自の設置基準を満たしている保育事業も含まれている。序章で触れた東京都の「認証保育所」などがそれにあたる。東京都の認証保育所は認可外であり、国の補助は入らないが、東京都からの補助は入っている。

入園希望の集まる「認可保育所」

最も多くの子どもを預かっている、認可保育所から順に見ていこう。認可保育所は前述のように、国の定めた施設面積や保育士の人数、調理設備などの基準を満たし、自治体の認可を受けている保育所のことである。

親たちが子どもを入園させるのに苦労し、入れない子どもが待機児童といわれるのは、基本的には認可保育所のことである。認可保育所に子どもを預けるには、自治体に申し込む必要がある。親の状況を自治体が審査し、優先度が高いと見なされた世帯の子どもから入所させる。

認可保育所は国の設置基準を満たしているため、施設が充実し、保育士の配置も手厚く、安心して子どもを預けられる。しかも公費が入っているため、保育料が安い。そのため、誰もが認可保育所に子どもを入れたいと思うのだ。

図表1－2　認可保育所の保育士配置基準

子どもの年齢	1人の保育士が担当できる子ども数
0歳	3人
1～2歳	6人
3歳	20人
4～5歳	30人

筆者作成

例えば、認可保育所では子どもの年齢に合わせて、保育士1人が担当できる子どもの人数が決まっている。図表1－2にあるように、認可保育所では0歳児3人に保育士1人、1～2歳児は6人に保育士1人、3歳児は20人に保育士1人、4～5歳児は30人に保育士1人を配置しないといけない。

また認可保育所は児童福祉施設であり、もともと働かなければ暮らしていけない親の子育てを支えるために作られたものである。そのため、保育料は応能負担といって、前年度の親の所得に応じて決められる。つまり、所得の低い人は保育料が安く、所得の高い人は保育料が高く設定される。それでも概して、運営費に公費の補助が入らない認可外保育所より保育料は安い。

認可保育所はさらにふたつに分けられる。自治体が直接運営し、公務員の保育士が働いている公立保育所と、社会福祉法人や株式会社、ＮＰＯ法人などが運営する私立保育所である（なお、同じ自治体の認可保育所であれば、公立保育所でも私立保育所でも、保育料は同額である）。

以前は、認可保育所の運営は自治体のほか、社会福祉法人、財団法人しかできなかった。だが、待機児童問題が深刻化し、認可保育所を増やすためには多様な主体に運営してもらうことが必要だと、２０００年から参入規制がなくなり、株式会社やＮＰＯ法人、学校法人も運営できるようになった。14年4月には、２万４４２５ヵ所の認可保育所があったが、約４割が公立保育所、５割強が社会福祉法人で、残り１割弱が学校法人や株式会社などの運営になっている。

ひとつひとつの保育所には個性があり、公立だからいい、私立だからいい、とは一概にいえない。一般的にいうと、公立保育所では標準的な保育、私立保育所では法人それぞれの考え方にもとづく多様な保育が展開されている。しかし、子育て支援の調査で各地の保育所を回った筆者の経験からいえば、公立保育所でも自治体が違うと保育の中身がまったく違っている。

とはいえ、公立に比べて私立保育所は本当にさまざまだ。鼓笛隊の演奏や英語教育などを売りにしているところもあれば、外遊び重視で毎日のように山歩きに行ったり、竹馬やコマ回しなど昔からの遊びをしたり、動物との触れ合いを重視する保育所もある。私立保育所には延長保育、夜間保育などのサービスが充実しているところも多い。

一方、保育所の個性や多様性は、いいことばかりではない。国の設置基準を満たしている認可保育所のなかにも、評判の良くない保育所があることも確かだ。そのため、保護者は保育所の事前見学が欠かせない。

2016年の認可保育所は2万3447ヵ所、定員は約228万人である。実は新制度が始まる前の14年と比べると、保育所の数は減少している。保育所に入れない待機児童がいるのに、なぜ増えていないのだろうか？　それは次に説明する「認定こども園」に移行する保育所が増えていることと、少子化で過疎地の保育所が閉鎖されていることが原因である（後者については第2章で詳しく述べる）。

認定こども園の狙いと現実

認定こども園は2006年から始まった制度である。保育所に入れない子どもが待機児童となっている一方で、主に3～5歳の子どもが4時間程度通う幼稚園は毎年入園者が減少し、定員割れしている園も少なくない。そこで、同じ就学前児童が通う場所なのだから、幼稚園・保育所と縦割りにせず一緒にして、すべての子どもが通えるようにすれば待機児童が減るのではないか、という発想で考えられたのが認定こども園である。つまり、保育ニーズのある子どもが幼稚園に通えるようになれば、保育所不足が解消する、と期待したのである。

幼稚園と保育所を統合し、認定こども園にしようという背景には、都市部の待機児童対策だけでなく、過疎地における少子化対策の面もある。少子化が進展した地域では、幼稚園と保育所をそれぞれ維持することが難しくなってきたのである。

民主党政権時代の2010年ごろには、「幼保一体化」、つまりすべての幼稚園と保育所を認定こども園にする案も議論されていた。だが結局、一本化はされず、現在は認定こども園・幼稚園・保育所の3形態が併存している。

幼稚園や保育所が認定こども園に移行しやすいようにと、さまざまな特例措置が取られた結果、2014年4月に1360ヵ所あった認定こども園は、15年4月に2836ヵ所、16年4月には4001ヵ所と増えている。だがそれでも、認定こども園は待機児童対策の切り札にはなっていない。

なぜなら、子どもが溢れている都市部では、幼稚園が認定こども園に移行しないからだ。全国で見ると、2016年度初めに認定こども園に移行したのは、幼稚園が438ヵ所、保育所が786ヵ所となっている。つまり保育所からの移行のほうが多い。単純化すると、認定こども園に移行する幼稚園は、少子化が進んで入園者が減り、保育ニーズのある子どもも受け入れないと立ちゆかない、という危機感がある園である。そのため、少子化が進展する地方や地域では、幼稚園からの認定こども園への移行が進んでいる。だが、待機児童が溢れる都心部は、幼稚園にも入園希望者が大勢いる。わざわざ認定こども園に移行する必要がないのだ。実際、少子化が進む北海道は206ヵ所、青森県では208ヵ所の認定こども園があるが、待機児童の多い東京都では109ヵ所、神奈川県も78ヵ所にすぎない。

文部科学省の「学校基本調査」を見ると、2016年の小学校1年生のうち、認定こども園（幼保連携型）出身者が最も多い県は、青森県・秋田県と佐賀県で20％を超しているが、東京都ではわずか1・3％である。

ちなみに認定こども園には、4つの類型がある。幼保連携型（幼稚園と保育所の両方の施設として法的に位置づけられているもの）、幼稚園型（幼稚園に保育所機能がついたもの）、保育所型（保育所に幼稚園機能がついたもの）、地方裁量型（国の基準ではなく、地方が独自に幼稚園機能と保育所の機能を持つものとして設置）である。そのうち幼保連携型が最も多く、2785ヵ所となっている。

さらに、幼稚園が認定こども園に移行したとしても、必ずしも待機児童対策になっていないのが実情である。保育所に入りたくても入れない子どもは、0～2歳に集中している。認定こども園の導入により、この年齢の受け入れ枠が増えることが期待されていた。しかし現在の制度では、幼稚園が認定こども園になっても、0～2歳児の受け入れをする義務はない。しかも、低年齢児を新たに受け入れるには施設の整備なども必要で、幼稚園側には抵抗感が強い。そのため、幼稚園が認定こども園に移行したからといって、必ずしも低年齢児保育の枠が広がるわけではないのだ。

幼稚園の現状

ここで幼稚園の状況にも触れておこう。幼稚園の園児数が最も多かったのは、1970年代前半に生まれた団塊ジュニアが幼稚園児だった78年である。当時、約1万4200ヵ所の幼稚園に園児は250万人弱いた。その後は少子化の影響で減少を続け、認定こども園制度が導入された2006年時点では、約1万3800ヵ所に約173万人となっていた。その後、少子化の進展や認定こども園への移行を経て、16年には1万1252ヵ所に133万9761人となっている。

また、昔から地方には子どもがいても働き続ける女性が多く、専業主婦比率が高いのは都市部である。そのため、先に挙げた「学校基本調査」で、2016年の小学校1年生に占める幼稚園出身者の割合を見ると、都道府県によって大きく異なる。全国では48・5%だが、共働き率が高いことで有名な福井県は18・9%、富山県は21・9%、高知県は21・6%と低くなっている。筆者が高知県出身の学生に聞いても、「保育所にいくのが普通」と答えていた。一方、埼玉県・千葉県・神奈川県などでは幼稚園出身者の比率が軒並み60%を超える。

幼稚園が認定こども園にならない背景には、前述したものとは別にもうひとつの理由がある。認定こども園になると、入園者は園ではなく自治体が決めることになる。これは認可保育所では当たり前だが、「自分たちの教育理念を理解する人だけを入れたい」と考える幼稚園とは合わない。また、平日に行事を開催したり、母親が専業主婦であるのを前提に親の参加を求める文化を持つ園もある。つまり、認定こども園になり、働く親の子どもを受け入れるということは、これまでの幼稚園のやり方を大きく変えなくてはならない。そのため、一度は認定こども園になったものの、再び幼稚園に戻る園も出現している。

一方で、幼稚園も時代に合わせて変わりつつある。例えば、親がフルタイムで働いていない場合でも、下の赤ちゃんの世話に手がかかるので午後も預かってほしい、短時間のパートで働きにいきたい、などといった要望がある。そこで通常の幼稚園の4時間の教育時間が終了した後、預かり保育という形で、夕方まで子どもを保育する幼稚園も増えている。こうして最近では、子どもが3歳になれば、幼稚園に通わせながら短時間のパート勤務であれば、可能になりつつある。

施設型保育の不足を埋める「地域型保育」

続いて、地域型保育の説明に移ろう。認可保育所と同じ、認可保育事業の一種である地域型保育には、すでに述べたように、小規模保育、家庭的保育、事業所内保育、居宅訪問型保育（ベビーシッター）の4種類がある。まずは、これらが生まれてきた背景から見よう。

これまで政府は認可保育所や認定こども園によって、なんとか待機児童問題を解消しようとしてきた。しかし、それだけでは無理だと、新たに2015年から制度化されたのが地域型保育である。

もともと認可保育所は、最低規模が60人定員だった。しかし、待機児童の多い都市部では、それだけの規模の土地や建物の確保が難しい。そもそも大きな認可保育所を作ろうとすれば、土地の取得や建物の設計なども含めると、開設までに2年近くかかる。そこで、最低定員を30人にするだけでなく、「分園方式」といって本園の近くの別の場所に小規模な保育所を作ることを認めた。その後、過疎地でさらに子どもが少なくなってきていることや、都市部の施設設置の難しさから、認可保育所の最低定員は20人にまで順次下げられてきた。

だが先にも述べたように、保育所に入れずに困っているのは、圧倒的に0〜2歳の低年齢児である。そこで、土地や施設が不足している都市部では、この低年齢児に集中して、小さな保育施設を作ればいいのではないか、と考えられた。そうして導入されたのが地域型保育である。保育士不足を受けて、地域型保育では保育従事者の資格要件も緩められた。

この地域型保育の代表的なものが小規模保育所である。対象は0〜2歳児で、マンションの一室や空き店舗などでも開設できるため、便利な場所に作りやすい。既存の施設を使えば、内装を整えるだけで開設できるので、短期間で準備でき、整備費用があまりかからない。また保育者の配置基準も、保育士資格がある人は半分でよく、残り半分は看護師など保育士と同等と認められる資格者か、市町村の研修を受けた人でもよくなった。都市部ではこの小規模保育所が低年齢の待機児童対策の切り札になっている。実際に施設数も増えており、２０

15年4月の1655ヵ所から、16年4月には2429ヵ所となっている。

また、一部の自治体で実施されていた「保育ママ」制度も、2015年から「家庭的保育事業」として、地域型保育のひとつに位置づけられた。これは主に保育者の自宅で3人までの子どもを預かる（補助者をつければ5人まで）ものである。要するに小規模保育の最も小さなものだ。

これらの小さな保育施設は、低年齢児にとってメリットもある。家庭的な雰囲気で保育されるだけでなく、人数が少ないことで病気をうつしあうリスクが減る。ただ、2歳までなので、3歳以降の預かり先を探す必要があり、地域によっては、それが最大のネックとなっている。

しかし、これでもまだ保育する場所が足りない。そこで考えられたのが、事業所内保育所の利用である。事業所内保育所は本来、事業主が自分の会社で働く従業員のために設置するもので、もともとは認可外の保育事業である。その事業所内保育所が認可並みに設備を整え、地域の子どもも受け入れるならば、認可して、公費の補助金を投入しようというものだ。

会社によっては、自社の従業員の子どもだけでは定員が埋まらないところもある。また、安定した公費の補助が欲しいという会社や、地域貢献として地域の子どもを受け入れるという会社も出てきている。事業所内保育所のうち、地域の子どもも預かるようになり、公費の入る地域型保育事業となったものが、２０１５年度には１５０ヵ所、16年には３２３ヵ所となり、広がりを見せている。

最後に「居宅訪問型保育」だが、これは特別な理由がある場合（例えば障害や病気などの理由で、集団で保育されるのが著しく困難な子どもなど）に利用できるものである。

地域型保育も認可保育事業であるため、自治体が保育料を定めており、所得に応じて保育料を支払う。その保育料は認可保育所と同じ基準という自治体もあれば、認可保育所より安くしている自治体もある。

認可外保育事業

認可の保育事業は認可保育所だけでなく認定こども園や小規模保育など多様化し、受け入れ枠も増えている。それでも都市部では、特に低年齢児の受け入れ枠が足らず、入りたくても入れない子どもがいる。しかも都市部では、認可の保育施設は4月の年度初めに一杯になり、年度途中での入所は困難である。そこで親が最後に頼るのが、各施設に直接入所を申し込める認可外保育所である。序章でも紹介したように、待機児童の多い地域では、認可に確実に入るために、まず認可外に子どもを預けて親が働くことで「実績」を作り、利用指数の点数を稼いだほうがよいところもある。

本章冒頭の図表1－1に、認可外保育の施設数と利用児童数をまとめた。2015年3月時点で20万人強の子どもが利用していることが分かる。認可保育所は16年4月時点で利用児童数が約214万人なので、それに比べると少数に見えるかもしれない。だが、認可外保育所の利用者は都市部に集中し、待機児童問題を考えるうえで、重要な存在である。

厚生労働省の調査によると、認可外保育所利用者の半分以上が0～2歳の低年齢児である。ここからも、低年齢の子どもが認可保育所に入れず、認可外を頼っていることが分かる。

認可外保育所とは、本章の冒頭で説明したように、国の設置基準を満たしていないため、公的補助が入っていない保育所である。認可外保育所は大きく3つ、「地方独自の保育所」「ベビーホテル」「その他の認可外」に分けられる。

まずは、自治体が独自に基準を設定し、運営補助のための公費を入れている「地方独自の保育所」について述べよう。待機児童の多い都市部では、国の設置基準を満たす認可保育所だけではとても間に合わないため、認可外保育施設の一種として作られた。例えば東京都の「認証保育所」や、横浜市の「横浜保育室」がその代表である。東京都杉並区ではさらに独自の「杉並区保育室」を設置している。各自治体が設けた面積や保育者の配置などの基準を満たしてはいるものの、国の設置基準は満たしていないため、あくまで認可外と見なされ、図表1－1では「その他の認可外」に含まれている。

次にベビーホテルとは、認可外保育施設のうち、①夜8時以降の保育、②宿泊を伴う保育、③一時預かりの子どもが利用児童の半数以上、のいずれかを常時実施している施設を指す。最後に「その他の認可外」とは、地方独自の基準を満たした保育所でもなく、ベビーホテルに当てはまるような保育を提供してもいない保育所のことである。

認可外へのニーズ

こうした認可外の保育所は、新設もあるが、一方で廃止・休止も多い。その背景には、ある地域で認可保育所が増えると、一気に認可外の利用者が減るなど、ニーズの変動が激しく、経営が不安定なことがある。また、認可保育所の最低規模が小さくなり、地域型保育という新たな制度ができたことによって、東京都の認証保育所や横浜保育室をはじめ、新たに国の設置基準を満たした認可外保育所が、認可に移行したことも一因である。実際、認証保育所や横浜保育室の施設数のピークは2014年度であり、その後は数が減っている。

だが、最初から認可外を頼らざるをえない親も大勢いる。夫婦で美容室やレストランを営んでいるような場合、土日や深夜までの保育が欠かせず、認可保育所に頼ることは難しい。また、ひとり親で母親が夜に働かざるをえないような場合もある。最近は父親が子どもを引き取って育てているケースも増えているが、「保育所のお迎えがあるから」と男性が残業を断るのは難しい会社も少なくない。延長しても7時や8時までしか預けられない認可保育所ではやっていけない親が大勢いるのだ。一定規模の都市の繁華街には、きまって認可外保育所があることが、その必要性を示している。

ところで、2015年3月時点での厚生労働省の取りまとめによれば、泊まり保育を実施しているベビーホテルに預けられている子どものうち、24時間保育されている子どもが435人、夕方5時から午前2時といった夜間に保育されている子どもが3617人いたという。24時間保育されている子どものなかには、親が出張という場合もあるかもしれないが、福祉的対応が必要な子どももいるのではないだろうか。以前、筆者がベビーホテルに調査に行った時には、親から連絡がなく、いつ迎えに来るのか分からない、という子どももいた。さらにこの取りまとめでは、親が夜間働いているため、認可外保育所に夜間預けられている「小学生」も7785人確認されている（小学生なので、図表1-1の数字には入っていない）。

認可外保育所には、空きさえあればすぐに入れる、深夜まで保育してくれる、といったメリットがある。ただし一方では、公費の補助が入っていないので、保育料は高くなりがちである。かといって保育料を抑えようとすると、保育者を増やして手厚い保育をすることができず、その分、保育の質が低くなりかねない、というデメリットもある。国が認可外保育施設の調査をしたところ、約4割の認可外施設が認可施設への移行を希望していることが分かった。そこで、国は2015年度より、認可化を目指して施設を整備したり、保育士の資格を持つスタッフの人数を増やした認可外保育所に補助金を入れ、認可保育所への移行支援事業を行っている。

事業所内保育所と企業主導型保育事業

都心部では、認可保育所にはなかなか入れない。認可外保育所は質のばらつきが大きい。というわけで広がっているのが、企業が従業員のために設置する事業所内保育所である。先ほどは地域の子どもも受け入れて認可保育事業となっているケースを紹介したが、従業員の子どもだけを預かる場合は、認可外保育事業（その他の認可外）と位置づけられる。

2010年3月には4137ヵ所、12年同月には4349ヵ所、15年同月には4593ヵ所と増えている。15年には約7万4000人の子どもが通っている。事業所内保育所のなかで最も多いのは、病院が看護師や医師のために設置している「院内保育所」である。看護師不足を受けて、多くの大規模病院が看護師確保のために院内保育所が欠かせないと考えるようになっており、15年には2811ヵ所（子ども数、約5万6000人）となり、事業所内保育所の過半数を占めている。3交代勤務で夜勤もある看護師は、昼間だけ預かる通常の保育所では仕事ができないからである。

待機児童は都心部に多いのだから、企業がビジネス街にどんどん保育所を作ればいい、と思った読者もいるかもしれない。だが、そう簡単ではない。まず、ビジネス街では家賃が高く、整備コストがかかる。企業にとって、運営費の負担も重い。さらに第3章で詳しく述べるように、保育士不足が深刻である。また、従業員の子どもだけで安定した数の利用者がいるかどうかが見通せないこともある。保育士の配置基準を認可保育所並みにするなどの条件を満たせば、設置費や運営費の一部の助成金が出る制度を厚生労働省が設けているが、これも5年間という期限付きだ。

一時期は、事業所内保育所の運営費があまりにかかるので、「特定の利用者だけに会社の福利厚生費が使われるのは不公平だ」という反発が社内で出るケースもあった。だが最近では、事業所内保育所を作りやすくするために、複数の法人が共同で利用することも可能になって負担が分散したほか、子どもを認可保育所に入れられず職場復帰できない従業員が目立つこともあり、再び事業所内保育所設置の動きが強まっている。

2016年度からは、従業員のために企業が開設する保育所の新制度として、内閣府が「企業主導型保育事業」を開始した。内閣府はこの制度で2017年度末までに5万人分の定員増を目指すという。

この事業の特徴は、①運営費や施設整備について、認可保育事業並みの手厚い補助が出ること、②運営費補助も運営が続く限り出ること、③複数の企業で共同設置できること、④設置場所は会社の近くでなくともよく、従業員が多く住む郊外の駅や、会社の最寄り駅の近くや商業施設でも可能、⑤認可保育所は保育従事者全員に保育士資格が必要だが、資格者は半数以上でいいこと、⑥設置の際に自治体の関与が一切ないこと、などである。

保育所定員を短期間に増やすために考えられた制度であるため、保育所の新設が助成の中心であるが、既存の事業所内保育所が定員を増やす場合、その増員分にのみ助成金が出る。

助成が手厚いため、企業にとっては従来の事業所内保育所よりずっと作りやすい、という利点がある。だが一方で、保育士資格のない保育従事者を認めることで保育の質が保てるのか（ほかの認可外保育所も同じだが）、急速に施設数が増えるなかで保育内容のチェックはちゃんとできるのか、といった不安の声も出ている。要するに、この企業主導型保育事業は自治体を通さずに国が直接、認可外保育事業に補助金を出す、ということなのだ。この事業は、職場復帰が決まっているのに預け先が見つからない親や、認可保育所が足りない状況で公的補助の一切ない認可外に子どもを預けざるをえない親にとっては、助けになることは間違いない。

ただし、この企業主導型保育も、土地や建物・保育士が確保できないと実施が不可能なのはほかと同様である。２０１７年3月までに、８１５件（利用定員1万９０１８人）の助成決定がなされたものの、東京は70件、利用定員１５９４人で、いずれも全体の８％台にとどまっている。東京の待機児童は８４６６人（16年4月時点）であり、全国の待機児童の約36％を占めている。東京では、期待されたほどの定員増にはつながっていない。一方、多くの不動産物件を保有する大手の生命保険会社が、０～2歳児を対象にした企業主導型保育所を全国で１００ヵ所設置する計画を立てており、今後の展開が注目される。

地域と離れるデメリット

とても魅力的な解決策に映る事業所内保育所だが、都心部の場合、利用者側にとっての問題は、子どもを連れて通勤電車に乗らないといけない、ということだ。乳幼児を連れて満員電車で通勤するのは並大抵のことではない。実際に、都心部の職場にある保育所に乳児を連れて通う母親に聞いたところ、家を出てから保育所に着くまでは30分が限度なため、会社の近くに引っ越したという。その母親は激務なため、通常の保育所では仕事と両立できず、夜10時まで開いている事業所内保育所を頼るしかない、ということだった。こうした問題を解決するために、混んだ電車に乗らずに済むように時差出勤や短時間勤務を認めたり、なかには車で通勤できるように駐車場を確保している会社まである。

先に紹介した母親のように、通常の保育所では勤務時間と合わなかったり、会社が自宅から近い人、地元の保育所に入れない人にとって、事業所内保育所が助け舟となることは間違いない。ただ大きなデメリットとして、地域に知り合いができないことが挙げられる。自宅近くにある地元の保育所だと、子どもを通じて地域のさまざまな人と知り合いになれる。また、同じように働く親たちの知り合いが近所にできることは、いざという時の大きな力になる。休日に地元で遊べる友人にもなるし、なんといっても同じ地域の小学校に進学する仲間であり、助け合える。

２０１１年の東日本大震災の時には、首都圏でも交通機関が乱れ、停電も起こり、保育所や小学校に子どもを迎えに行けない親たちが続出した。保育所は最後の親が迎えに来るまで子どもを守ってくれていたが、地域によっては小学校を閉校して子どもたちを帰してしまった学校もあり、大変な混乱が生じた（小学校は避難所も兼ねているため、先生たちは避難所を開設しなくてはならないと思い、子どもを帰してしまった）。その時、子どもの小学校の近くに勤めていたある母親が小学校に飛んでいき、保育所時代に知り合いだった子どもや、顔と名前の分かる子どもを全員引き連れて、自宅で保護してくれた、との話も聞いた。

地域に自分の子どもを知っている大人がいて、いざという時に助けてくれることは、働く親が子育てをするうえで欠かせない条件である。事業所内保育所は便利だが、地域の子育て仲間を作るのが難しくなる。小学校になってから、親が地域で助け合える知り合いを作ろうと思っても簡単ではない。保育所に入れさえすれば、仕事と子育ての両立の問題が解決するわけではない。これから働き続けていくなかで、長い目で見て子どもをどこで育てるか、地域で人間関係をどう構築するかという課題が待ちかまえており、保育所への入園は子育てのスタートにすぎないのである。

事業所内保育所にはメリットもデメリットもある。年度途中の復帰や、保育所に入りづらい低年齢児の時期には事業所内保育所を利用しつつ、3～5歳になれば地元の保育所を利用するなどの工夫が必要だろう。

保育の必要性の認定

ここまで、認可保育事業や認可外保育事業など、日本の保育制度の概要を説明してきた。それでは、多くの保護者が希望する認可保育所に入るためには、どうすればいいのだろうか。序章でも、ある夫妻のケースを取り上げて説明したが、あらためて順を追って見ていこう。

利用者の多くは、認可保育所に最も入りやすい、年度初めの4月入所を目指す。そのためには、前年の10月から翌年1月ごろまでに、親が就労していて家で育児できないといった、「保育の必要性の認定」を受け、入所申し込みをする必要がある（多くの自治体では「保育の必要性認定」と「保育所の入所申請」が同じ書類で同時にできるようになっている）。そうすると翌年の1月末から2月には入所できるかどうかの結果が分かる。この時に入れなかった子どもが、待機児童ということになる。1月末から2月に結果を出すのは、内定辞退や引っ越し

図表1－3　子どもの保育の必要度に応じた認定区分

認定区分	対象となる子ども	利用できる主な施設等
1号認定	3～5歳の就学前の子ども	認定こども園 幼稚園
2号認定	3～5歳で、保護者の就労や疾病等により保育を必要とする子ども	認定こども園 認可保育所
3号認定	0～2歳で、保護者の就労や疾病等により保育を必要とする子ども	認定こども園 認可保育所 地域型保育事業 （小規模保育事業等）

資料）内閣府（2016）「子ども・子育て支援新制度について」より作成

などによる空きができた場合に、二次募集を行うからだ。ちなみに自治体から送られて来る書類には、入所できる場合は「入所内定」と書いてあり、ダメな場合は「入所保留」とか「入所不承諾」と書いてある。

図表1－3に保育の必要度に応じた認定区分をまとめた。保育の必要性のある子どものうち、満3歳以上は2号認定、満3歳未満は3号認定を受ける。2号もしくは3号に認定されて初めて、保育所への入所申し込みができる。ちなみに1号と認定される子どもは、満3歳以上で保育の必要性はない子どもである（ただし「教育」は必要ということで、教育標準時間の4時間は保障され、幼稚園などに通う）。

保育の必要性を認定されるには、「家庭状況届」という書類を提出し、両親の就労状況などを示さなければならない。子育てを手伝ってくれる人が家庭内にいないか、祖父母などほかの同居家族の有無も記入する。さらに、本当に就労している証明のために、勤務先からの就労証明書も必要である。雇用主である事業者側が責任を持って正確な就労状況を記入することが求められる。また、必要に応じて、自治体から実態把握のために勤務先に電話をすることもある。就労証明書を偽造している、就労時間を実態より長く書いている、ということもありうるからだ。役所には、「友人の会社に就労証明書を偽造してもらっているのではないか」とか「あの人は、実際は働いていない」といった苦情が頻繁に寄せられる。

大量の書類と利用指数

そうやって、保育の必要性を認定するだけでなく、入所の優先順位を決めるために、それらの書類から「利用指数」が算出される。序章で杉並区在住の伊藤さん夫妻の事例を紹介したが、図表1－4に杉並区の基準指数と調整指数の表の一部を掲載した（以下、杉並区の制度は2017年4月入所のものである。年度によって変更があるため、注意が必要である）。

例えば、月20日以上の勤務で1日8時間以上の就労常態であれば、基準指数は20となる。夫婦がともにそうであれば、世帯の指数は40である。さらに調整指数の表に見るように、「生活保護世帯」であったり、「すでに兄弟が保育所に入所している」「認可外に子どもを預

図表1－4　杉並区の利用指数表の抜粋（2017年度）

●基準指数

No.	事由	保護者の状況		指数
1	居宅外就労	月20日以上	8時間以上の就労常態	20
			7時間以上8時間未満の就労常態	18
8	介護・看護	月20日以上	日中1人で次に掲げるいずれかの者を在宅看護している状態　●要介護4・5の高齢者　●身体障害者手帳1・2級　●愛の手帳1・2度	20

●調整指数

項番	対象			指数
1	世帯	生活保護世帯		2
7	児童	兄弟姉妹等	双子以上が同時に同じ認可保育所等の入所を申し込む場合	1
8			兄弟姉妹が利用希望月前から引き続き利用している認可保育所等を第1希望とした入所申込みの場合	1
9			兄弟姉妹が利用希望月前から引き続き利用している認可保育所等への転園申込みの場合	1
11	児童	認可外保育等	認可保育所等を月ぎめで、1日4時間以上・月12日以上利用している実績が6ヵ月以上あること（原文を筆者編集）	2
12			上記実績が1年以上の場合	3
17	保護者	就労状況（日数・時間等）に対して就労（収入）実績に整合性がない場合		−2～−4

資料）杉並区「平成29年度保育施設利用のご案内」より作成

けて働いている」といった場合は調整指数が加点される。一方、就労時間が長いと申請しているのに、所得に整合性がないような場合は減点されたりと、指数を調整していくわけだ。そして指数の高い人が、入所の優先度が高いということになる。親たちは自分たちの世帯の指数を知ったうえで、希望する保育所を選ぶ。

都心部では、フルタイムの共働きで、ほかに加点がないような夫婦が同じ指数で横並びになる（杉並区の場合であれば40点）。そのため、「役所の人に、こうやって訴えると効果がある」「申請書に手紙をつければいい」といった噂《うわさ》に振り回される。なんとか保育所への入所可能性を上げようと、親もいろんなことをする。申込時に切々と状況を訴えたり、申請書に手紙をつけてくる人もいる。筆者の知るかぎり、担当者は手紙には目を通すがそれで加点することはない。待機児童問題が深刻化するなかで、恣意的なものを排し、より客観的に決めようと利用指数や優先順位づけが、厳密になっているからである。

区では申込書に沿って、保育所ごとに希望者のリストと指数を算出し、入所者を決めていく。各保育所に誰が入所するかを決める会議を「利用調整会議」という。杉並区の場合、通常は入所希望月の前月の10日に締め切って、利用調整会議を実施する。しかし、4月入所の申込者は圧倒的に多いため、利用調整会議を1月に実施する。そのため、入所申し込み締め切りは前年の11月末となっている。

そうした書類の準備だけでも保護者は大変だが、自分の子どもを預ける保育所を選ぶのだから、当然、見学が必要になる。さらに、待機児童の多い地域では、認可保育所に入れなかった場合に備えて、認可外保育所の見学や申し込みも準備しなければならない。これは認可の申し込みより早くから準備が必要である。「妊娠が分かったら、すぐに保育所探し」は、激戦区では当たり前のことになっている。ゆっくり妊娠を喜んでいる暇はないのが実情だ。

自治体ごとに異なる複雑な制度

一方、行政側の担当者にとっても利用調整業務は楽な作業ではない。杉並区では２０１６年４月入所には約３８００人の申込者がおり、その人たちが最大で第７希望まで申請を出す。それぞれの世帯の指数を算出し、希望に応じて90ヵ所以上の保育施設に割り振っていくのだ。そして、公正を期するため、同じ指数であった場合、どういう基準で誰を優先するかということも18項目にわたって細かく定められ、公表されている（図表１－５）。「公平性を担保し、説明責任を果たす」ために、入所申請はどんどん複雑かつ精緻になっている。

杉並区以外の自治体も同じような利用指数の表を作成し、公表しているが、指数のつけ方

図表1－5　杉並区における「同一指数の場合の優先順位」の抜粋（2017年度）

項番	対象
1	申込み日現在、申込み児童及びいずれかの保護者が杉並区に住民登録し、現に在住している世帯
2	年齢上限がある認可保育所等を卒園し、引き続き別の保育所等に入所を希望する児童
⋮	
8	入所を希望する認可保育所等の希望順位が高い児童
⋮	
17	杉並区に住民登録し、引き続き居住している期間（日数）が長い世帯
18	利用開始希望月に係る保育料決定の算出根拠となる区民税所得割額が低位の世帯

資料）杉並区「平成29年度保育施設利用のご案内」より作成

や優先順位の考え方が少しずつ違う。例えば京都市の場合（２０１７年度入所）は夫婦で指数を足し合わせず、低いほうの指数で入所の優先順位を決める。また、通勤時間が長い人には調整指数をプラスする。そして申請書類の提出後、該当保育所を第一希望にした入園希望者への一斉面接が1月中に区役所で実施される。日時は決められており、この面接は必ず受けなければならない。一方で、杉並区には面接はない。

　このように、自治体によって入所判定の基準や方法、優先順位づけの考え方が異なるため、子育ての先輩のアドバイスをそのまま受けとることは危険である。親は申し込む自治体の書類を読み込み、どうすれば入所確率を上げられるか理解する必要がある。

　ただし、こういった大変な騒ぎが起こるのは、待機児童のいる都市部だけである。多くの地方では、保育所に入るのにこんなに苦労はしない。特定の地域だけの問題ともいえるが、それでも多くの人に関わる問題である。なぜなら、2015年の国勢調査によると、東京・千葉・埼玉・神奈川の4都県に、日本の人口の約3割弱が住んでおり、さらには全国の政令指定都市や県庁所在地に若い子育て世代が集中しているからだ。待機児童問題の詳細については、第2章で詳しく見る。

なお、認可保育所は児童福祉施設であるため、親が心の病気などの理由で子どもの世話が十分できないような場合は、親の入所申し込みとは関係なく行政が「措置」として、子どもを入所させることとなっている点も付け加えておきたい。

認可の保育料

さて、本章の最後に、利用する保護者が支払う保育料についてまとめておこう。

認可保育所には公費の補助が入っていることはすでに述べた。それでは、認可保育所の保育料はどうなっているのだろうか。図表1－6は、国が定めている月額の保育料である。認可保育所を利用する場合には、応能負担ということで、世帯の負担できる能力、すなわち世帯の所得に応じて保育料が決まる。つまり、所得の低い世帯は安く、高い世帯は高い保育料を支払うことになる。そのため、例えば生活保護世帯は保育料が無料である。具体的には、前年度の住民税所得割課税額に応じて保育料が算定され、自治体は国の基準以上に保育料を課してはいけないことになっている（住民税所得割課税額とは、住民税のうち前年度の収入に応じて課税されるものである）。

さらに国の基準によると保育料は3歳未満と3歳以上で異なっており、3歳未満の保育は人手がかかるため高くなっている。また2015年度より保育の利用時間によって、保育標準時間と保育短時間に分けられ、保育料が異なるようになった。

保育標準時間とは、保護者がおおむね1ヵ月120時間以上の就労をしている場合で、1日11時間の保育が利用できる。保育短時間とは、保護者の就労時間が月120時間に満たない場合で、1日8時間までの保育が可能となっている。保育標準時間と短時間に分けたのは、保育を過剰に利用せず、必要なだけの利用を促そうとしたと考えられる。

しかし、図表1-6を見れば分かるように、利用できる保育時間には毎日3時間の差があるにもかかわらず、保育料はほとんど差がない。もし保育短時間の保護者に残業する日があり、保育所へのお迎えが遅くなって、延長保育料を支払えば、あっという間に保育標準時間の保育料を超えてしまう。それなら誰もが、最初から保育標準時間で預けようとするだろう。

図表１－６　保育を利用する子どもの保育料の国基準

階層区分（相当する世帯年収）	保育認定の子ども			
	２号認定：満３歳以上		３号認定：３歳未満	
	利用者負担（円）		利用者負担（円）	
	保育標準時間	保育短時間	保育標準時間	保育短時間
①生活保護世帯	0	0	0	0
②市町村民税非課税世帯（～約260万円）	6,000	6,000	9,000	9,000
③所得割課税額48,600円未満（～約330万円）	16,500	16,300	19,500	19,300
④所得割課税額97,000円未満（～約470万円）	27,000	26,600	30,000	29,600
⑤所得割課税額169,000円未満（～約640万円）	41,500	40,900	44,500	43,900
⑥所得割課税額301,000円未満（～約930万円）	58,000	57,100	61,000	60,100
⑦所得割課税額397,000円未満（～1130万円）	77,000	75,800	80,000	78,800
⑧所得割課税額397,000円以上（1130万円～）	101,000	99,400	104,000	102,400

資料）内閣府（2016）「子ども・子育て支援新制度について」より作成

先の利用指数でも、就労時間が短い保育短時間利用では指数が下がり、入所できる確率も小さくなってしまう。趣旨は理解できるが、今のままでは機能しない制度となっている。

豊かな自治体の場合

この保育料はあくまでも国の基準であり、個々の自治体はこの表を参考に独自の保育料を設定している。多くの自治体が、子育て支援ということで、もっと細かい所得階層区分を導入し、保育料を国基準より低くしている。簡単にいうと、企業などが多く税収が豊かな地域ほど、自治体が多くの公費補助を行い、保育料が安い。一方で税収が少なく、財政力のない自治体はゆとりがないため、国基準に近い保育料を課している。

例えば財政破綻した夕張市《ゆうばり》は、国基準よりも細かい所得割課税額の区分で保育料を算定しているが、基本的には国と同じような保育料を課している。所得割課税額が25万7000〜30万1000円未満の場合は、満3歳以上の保育標準時間だと国と同じ月額（以下同）5万8000円の保育料となる（2017年度）。なぜなら夕張市は、保育料を安くする財政的なゆとりがないだけでなく、財政再建団体（現在は財政再生団体）だったため、そもそも国の基準より保育料を安くできなかった。

一方、税収が豊かな杉並区は、所得に応じて29階層に保育料を分けており、同条件で住民税28万3700〜31万1100円の場合の保育料を見ると、3歳未満は3万5700円、3歳で2万2800円、4歳以上で1万8800円で、国基準や夕張市の半額以下となっている（2017年度）。ちなみに夕張市および国基準で最も高い所得階層となる所得割課税額39万7000円の場合（推定世帯年収1130万円）でも、杉並区の保育料は2万3900円である（3歳児、標準時間）。杉並区で最も高い所得階層は住民税85万9000円以上であるが、それでも保育料は3歳未満で6万8500円、3歳で2万9000円で、国基準や夕張市の最高額よりずっと低くなっている。

保育料をめぐる3つの論点

保育料をめぐってはさまざまな議論がある。待機児童がいるような都市部の自治体の多くは、保護者が負担している保育料は保育にかかる費用全体の2〜3割程度であり（保育のコストについては後の章で詳しく見る）、残りはすべて税金で賄《まかな》われている。特に低年齢児であったり、東京23区のように手厚い補助金を入れて保育士の人員を増やしながら保育料を安くしていると、保育料は全体の保育コストの1割程度しかカバーしていない。杉並区の保育所入所案内を見ると、保育所の入所児童1人当たり平均で年間235万3000円の経費がかかっているが、保護者が負担する保育料は年間27万であると記載されている。裏を返せば、それだけ税金を投入する財政力がある、ということなのだ。

これに絡んでは、3つの論点がある。

ひとつ目は、認可保育所を利用しない専業主婦や、認可外保育施設を利用している人からの不満についてである。認可保育所に入れた人だけに手厚い公費投入があるのはおかしい、という意見だ。特に専業主婦の母親たちは孤立して、子育て負担感が重い人もおり、不公平感を持つ人が少なくない。

また、待機児童の多い地域では、認可保育所に入所できるのは正社員のフルタイムの世帯ばかりになる。パートタイム勤務の人は労働時間や日数が少ないことから、保育の必要度が低いと見なされ（つまり指数が低くなり）、入所の優先順位が下がる。ということは、単純化すると、所得の高いフルタイムの共働き世帯の子どもが認可に入り、所得が低いパートタイム世帯の子どもが、保育料の高い認可外に通うことになる。このことへの不満も多い。一方、同じフルタイム勤務であれば、所得の低いほうが優先される自治体が多い。そのため、夫婦共働きでフルタイム勤務であるが、所得が高いために保育所に入れなかった子どもの親たちから、「私たちは、一生懸命働いて税金も納めているのに、なぜ認可保育所に入れられないのか。何のために高い税金を納めているのか」と苦情が絶えず、筆者が市役所に勤めていた時代にも、これは悩ましい課題だった。保育所は児童福祉施設であり、子どもの健全な成長を育むとともに、親の就労を支える施設でもある。誰を優先すべきだろうか？

ふたつ目は応能負担についてである。自治体はどこも財源不足であるため、「負担能力がある人には負担してもらおう」と考えるのは当たり前である。だが、国の基準で見ると、世帯年収が1130万円以上の場合、保育料は月額10万円強、年間では120万円を超える（特に低年齢児の場合、実際の保育コストはもっとかかっているが）ことになり、私立大学の授業料とほとんど変わらない。1歳から5歳まで5年間保育所に通うと、国基準では600万円以上支払うのだ。そうした保育料を支払う夫婦が、「私たちが子どもを産むことは歓迎されないのか？」と尋ねたら、どう答えられるだろうか。

最後は、前述した税収が豊かな自治体とそうでない自治体の保育料の差についてである。財政力のある多くの自治体では国基準より安くしていることを見たが、3歳以上になるとさらに安くなる。例えば札幌市の場合、所得割課税額39万7000円以上の世帯の保育料は、3歳では4万1800円、4歳以上だと3万6300円である（2017年度）。同じ北海道でも、財政破綻した夕張市にはさまざまな子育て支援策を展開する十分な財源がなく、保育料も高いため、若い世代の流出が続く。こうして高齢者ばかりの街になれば、さらに財政再建が難しくなる。夕張市にとっても、非常に悩ましい状況なのだ。移動する力のある若い世代は、仕事があり子育て支援の環境が整っている場所を選んで住む。そうした都市部に若い世代が集中することが、待機児童を生み出す要因のひとつにもなっているのである。

とりわけ東京と地方との関係は、待機児童や保育士確保の問題にも影響を与えている。第2章ではまず待機児童が生まれるメカニズムを見ていこう。

第2章　待機児童はなぜ解消されないのか

女性活躍推進と待機児童対策

第1章では、日本の保育制度の概要を見た。待機児童の解消を目指し、2015年度以降は認可保育所のみならず、地域型保育といわれる小規模保育や家庭的保育などさまざまな保育に公費を投入する「子ども・子育て支援新制度」が開始されている。この新制度では、保育だけでなくさまざまな子育て支援策の実施は、市町村の役割であることが明確化された。市町村は、自分たちの地域の実情に応じて、多様な保育を整備できるようになり、保育の受け入れ枠は大きく増えることになった。だがいまだに待機児童が減らないため、2016年度からは、内閣府が直接、事業者に補助金を出す仕組みが導入され、企業主導型保育を増やそうとしていることも紹介した。それでも、入所希望者に対して入所枠が足りない以上は、なんらかの選考プロセスが必要になる。その結果、都市部での入所申請が保護者に大変な負担になっている状況も見てきた。

本章では、保育の拡充にこれだけ力を注ぎながら、なぜ待機児童が解消されないかについて論じていくが、その前に、読者のなかには、「子どもを保育所に預けて母親が働くことをなぜそこまでして応援しないといけないのか」と考える人もいるだろう。そこで政府が待機児童対策に積極的に取り組むようになった経緯を見ておこう。

序章で述べたように、待機児童問題は1990年代から、ずっと続いてきた問題だった。ただ、エンゼルプランなどで待機児童対策が打ち出されていたころは、まだ一部の親の問題だと思われていた。だが今や、いよいよ日本の人口が減少し、高齢化が急速に進み、働き手不足が深刻化している。ありていにいえば、働ける人には働いてもらわないと、社会の支え手が足りないのだ。そして今の日本で新しい働き手として発掘できる可能性が最も高いのは、女性である。

このような状況下で、政府は「一億総活躍」を打ち出した。2016年6月に出された

「ニッポン一億総活躍プラン」では「アベノミクス・新三本の矢」が挙げられ、第一の矢が「GDP600兆円の実現」、第2の矢が「希望出生率1・8の実現」、第3の矢が「介護離職ゼロの実現」である。これにより、例えば、未婚者の約9割に結婚願望があるにもかかわらず未婚率が上昇していることや、夫婦が希望している子どもの数を持てない状況を改善しようというのだ。

2015年、65歳以上人口が人口全体に占める率（高齢化率）は26・7％であった。団塊の世代全員が75歳以上の後期高齢者になる25年には高齢化率も30％を超える。その時には、12年時点と比べて最大で100万人増の約250万人の介護福祉士が必要になると推計されている。

高齢者が増える時に必要なのは、介護職や医療職ばかりではない。増える社会保障費と経済を支える働き手も必要である。そのために政府は、2014年時点で70・8％であった25～44歳の女性の就業率を2020年には77％に、20年代半ばには80％程度にすることを目標としている。この年代の女性は結婚や子育てで就業率が下がるが、実は就業意欲が高い。要するに、保育所に子どもを預けることができれば、働き続けたい、再就職したいという女性は多いのだ。そこで政府は貴重な人材としての女性に期待し、働き続けて経済を支え、税や社会保障の保険料を納めるとともに、子どもをたくさん産んで育ててもらいたい、というわけだ（ちなみに、1980年代には「専業主婦は日本の福祉の含み資産」といわれ、専業主婦が子育ても介護も担うので、日本の社会保障費が少なくて済むといわれていた。女性への役割期待は、時代とともに都合よく変わるものである）。

実は定員割れしている保育施設

さて、それでは、なぜ待機児童が減らないのか。保育所が足りないからだろうか。保育所定員と利用児童数の関係を見てみよう。実は、かつて日本全体で保育所が入所定員のピークを迎えたのは、1980年に遡《さかのぼ》る。その時の定員は約214万人分であった。その後、94年にはエンゼルプランが始まり、待機児童対策が政策的課題として取り上げられるようになったにもかかわらず、各年4月時点を比較すると、最も利用児童数が少なかったのが94年の約152万人、定員数が最も少なかったのは、98年の約191万人である（利用児童は約170万人であった）。ちなみに近年で保育所数が最も少なくなったのは2000年である。

2000年前後の時期は、少子化と過疎化の進展で地方の保育所が閉鎖される一方で、入所希望者の増える都心部では、なかなか保育所が増えなかった。なぜならそれまでは、保育所の運営は社会福祉法人に限られていたり、運営主体の自己所有の土地でしか保育所が開設できなかったからだ。2000年代にNPOや株式会社でも保育所が運営できるようにする設置主体の多様化や、賃貸の土地で保育所の開設を可能とする規制緩和等がなされただけでなく、さらに分園方式で小規模の保育所が開設できるようになった。その後も保育所をより作りやすくする制度改変があり、再び、都心部を中心に保育所の施設数と定員が増えて、今に至っている。

保育所を増設するために、そうした規制緩和の動きを取り入れたのが、筆者が副市長を務めていた当時の横浜市だった。横浜市では2003年に待機児童解消のために、子育て事業本部を3年間の時限で設置し、認可保育所を急速に増やした。その時に運営主体を社会福祉法人に限らず株式会社やNPOに開放し、借地だけでなく賃貸の建物での保育所開設も進めた。これによって保育所は大幅に増えた。この方式は「横浜方式」といわれ、特に株式会社に運営を開放したことは、短期間での保育所増設につながったという評価を受ける一方で、「営利事業者に保育を担わせている」と、根強い批判も受けている。横浜市が運営主体の多様化を進めた背景には、厚生労働省が長く、「一法人一施設」ということで、社会福祉法人が複数の施設を運営しないように指導してきたことがある。そのため、社会福祉法人で新規

図表２－１　保育所等の施設数の推移

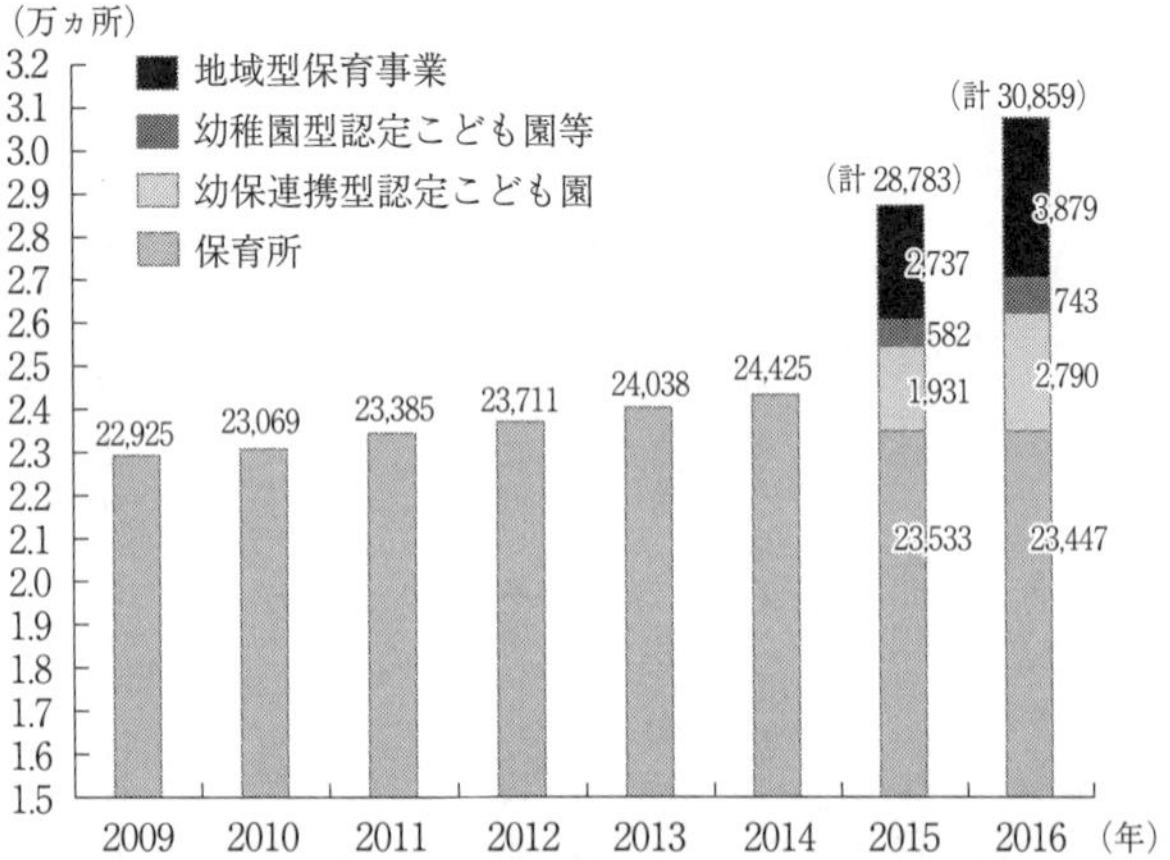

資料）厚生労働省「保育所等関連状況とりまとめ（平成28年４月１日）」より作成
注）資料の違いにより、地域型保育事業と認定こども園の施設数は図表１－１と異なっている

施設の開設に踏み切るところは多くなく、意欲のある良い法人にはすでにいくつもの首都圏の自治体から声がかかり、取り合い状態であった。

図表２－１に、２００９年以降の認可保育所などの施設数、図表２－２に定員数、実際の利用児童数の推移を示した。

まず、２００９年以降、施設数、定員数、実際の利用児童数のいずれも増加傾向にあることが分かる。そして、15年には「子ども・子育て支援新制度」が開始され、認定こども園や地域型保育も認可保育事業に加わったことで、施設数は計２万８７８３ヵ所、総定員は約２５３万人、利用児童数は約２３７万人に急拡大

図表2－2　保育所等の定員数および利用児童数の推移

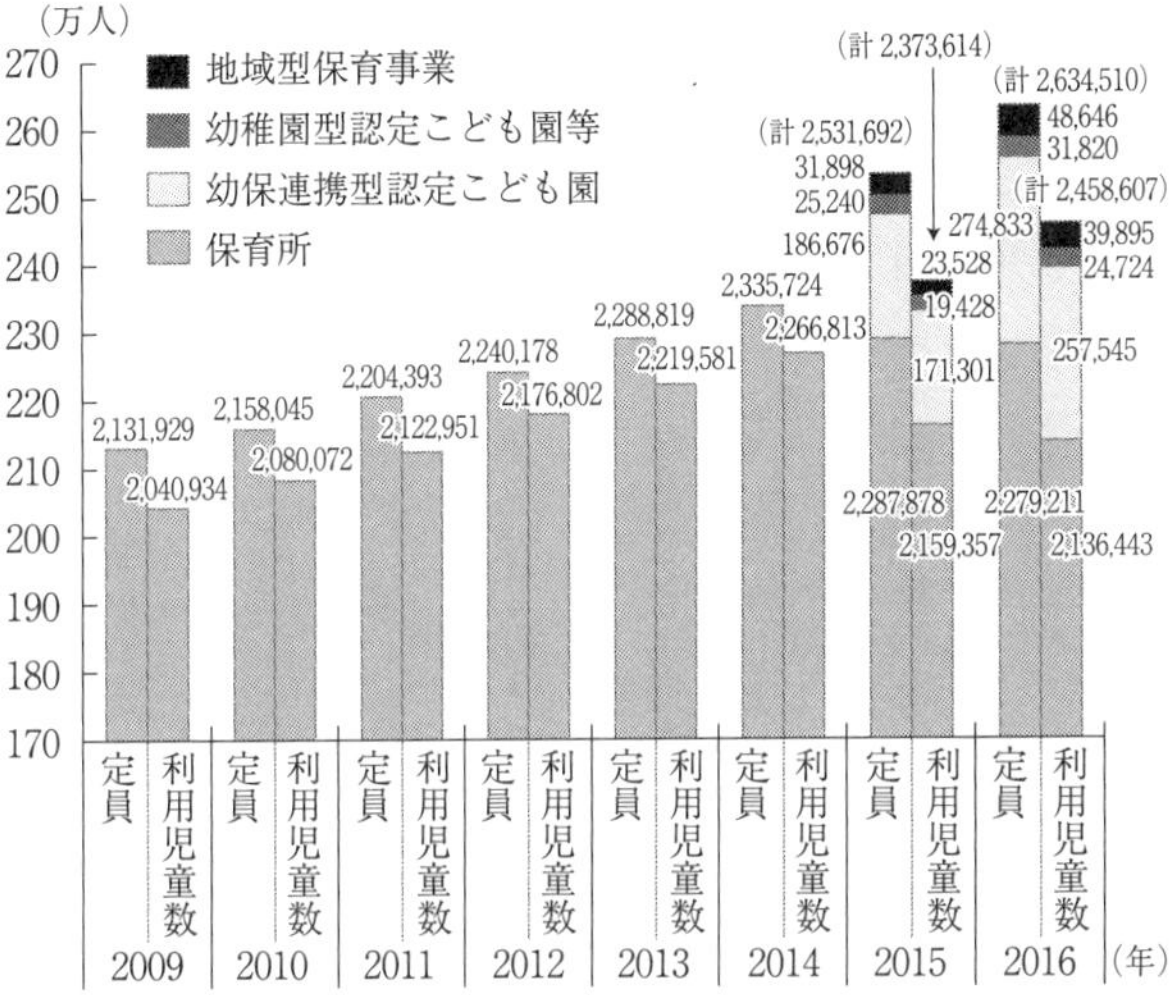

資料)厚生労働省「保育所等関連状況とりまとめ(平成28年4月1日)」より作成
注)資料の違いにより、認定こども園の利用児童数は図表1－1と異なっている

した。翌16年も引き続き数字を伸ばしている。「子ども・子育て支援新制度」の導入を契機に、保育施設の整備はいっそう加速しているのだ。

このことは利用児童数を定員で割って求められる定員充足率からもうかがえる。2009年に95・7%だった定員充足率は、13、14年とピークで97%となり、16年には93・3%と、保育所定員拡大につれて低下している。実は、保育所は定員割れしているのだ。

保育利用率の上昇

少子化が進展するなか、保育所の

定員は拡大し、利用児童数も増え、さらには定員充足率が下がっている。それでも待機児童は発生し、近年は再び増加傾向にある。これはどういうことなのだろうか。

第一に、保育所に入る子どもの比率（保育利用率）が急速に上がっていること、第二に、保育ニーズの地域的偏在、第三に、子どもの年齢による保育の供給の偏在、第四に、保育所を作ればそれだけ潜在需要を掘り起こすということがある。以下、順に見ていこう。

まず、図表2－3をもとに、就学前児童の保育利用率と待機児童数の推移を見よう。これまでの待機児童数のピークは2010年の2万6275人であった。その後、保育所の増設などもあり、待機児童は少しずつ減ってきたものの、14年を底に再び上昇し始めている。16年4月時点で、全国の待機児童は前年比386人増の2万3553人となっている。図表2－1と2－2で見たように、前年の15年に比べ、保育施設が増え、保育定員（新制度のもと、認可保育所だけでなく、地域型保育も含む）も10万人以上増えたにもかかわらず、である。また待機児童の内訳を年齢別に見ると、0歳児が3688人、1～2歳児が1万6758人、3歳以上児が3107人と、1～2歳児が最も多くなっている。

その背景には、図表2－3が示すように、保育所等利用率（該当年齢の全児童に占める保育所等利用児童数の割合）が毎年のように伸びていることがある。2009年には31・3％の

図表2－3　保育所等の待機児童数および利用率の推移

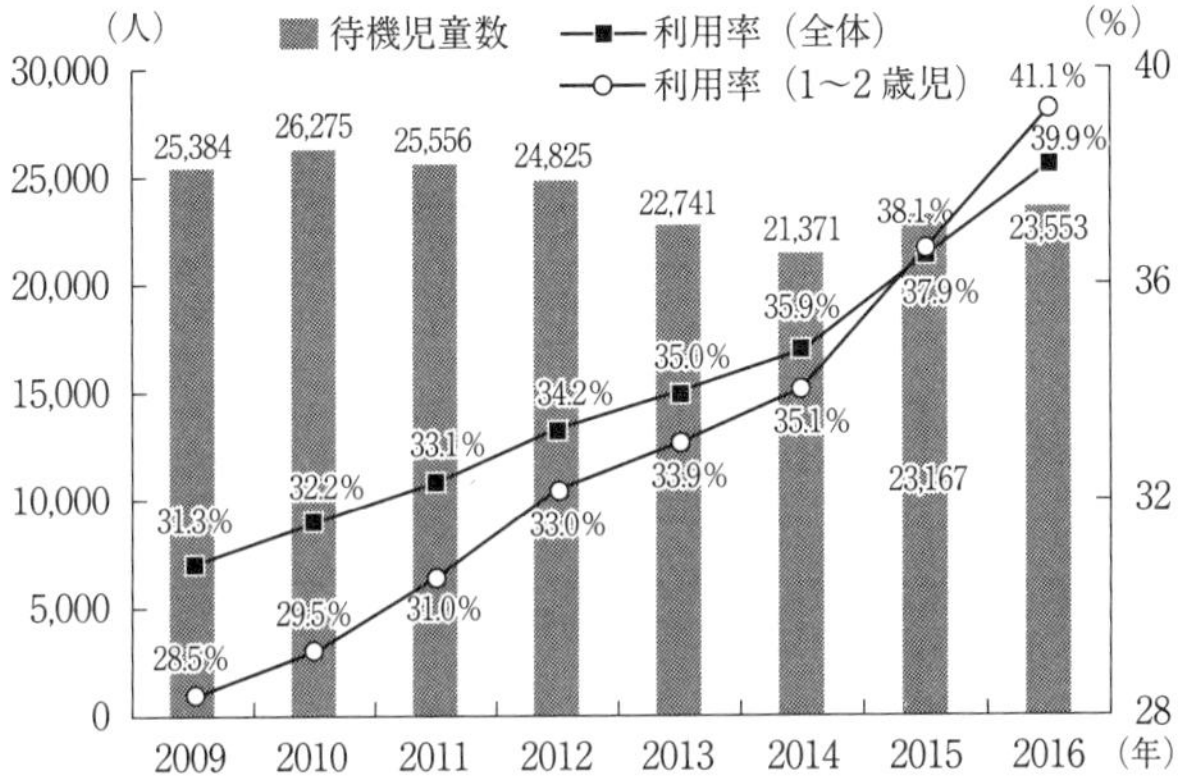

資料）厚生労働省「保育所等関連状況とりまとめ（平成28年4月1日）」より作成

子どもが保育所に通っていたが、毎年約1%ずつ伸びて、16年には39・9%となっている。特に1〜2歳児の伸びが大きく、28・5%から41・1%に増加している。しかも、この利用率は認可保育の利用人数のみで計算されている。第1章で述べたように、低年齢児ほど認可外保育所を利用しており、1歳児、2歳児ともに各約4万人が利用している（2015年3月）。16年も同程度の人数が利用しているとすれば、1〜2歳児の約45%が保育施設を利用している計算になる。

その背景には育児休業明けが1歳であることや、3歳になれば幼稚園に通わせる選択肢もあるが、1〜2歳児には保育所しかないということがある。また、ちょっと前までは「一度退職して子どもが3歳になったら、働こう」と考えていた母親たちが、「一度仕事をやめても、もっと早く働き始めたい」と考えるようになった、と保育関係者が言う。

厚生労働省の「21世紀出生児縦断調査」は、特定の年に1人目の子どもが生まれた世帯の状況を継続的に調査しているものである。それによると、2001年に初めて子どもを産んだ母親でそれまで働いていた人のうち、67・4%が出産前後に仕事を辞めていた。それが2010年に初めて子どもを産んだ母親から1万8100人を選んで調査してみると、54・1%になっている（つまり働いていた女性のうち、約46%の人が出産後も仕事を続けているということだ）。なお、この調査対象の母親には出産前から働いていない人もいるため、出産した女性全体に占める「出産半年後に有職の者（育児休業中・自営などを含む）」の割合は36・6%である。

2010年以降も、母親の就業継続率はさらに上がっていると考えられる。働き続ける母親が増えれば、当然保育所を利用しなくてはならない子どもも増えることになる。

東京など都市部に偏在するニーズ

次に、保育ニーズの地域的偏在について見よう。

図表2－4　東京都の保育所等利用申込率の推移

年	就学前児童人口（人）	保育所等利用申込者数（人）	保育所等利用申込率（%）	利用児童数（人）	待機児童数（人）
2011	609,128	197,788	32.5	182,481	7,855
2012	615,228	205,091	33.3	189,494	7,257
2013	619,557	214,510	34.6	198,092	8,117
2014	625,347	226,437	36.2	208,382	8,672
2015	630,419	245,758	39.0	221,440	7,814
2016	637,329	263,518	41.3	236,342	8,466

資料）東京都福祉保健局少子社会対策部保育支援課（2016）「保育所等利用待機児童などの状況」http://www.metro.tokyo.jp/INET/OSHIRASE/2016/07/DATA/20q7j502.pdf
注1）就学前児童人口は、各年1月時点（外国人人口を含まない）
注2）保育所等利用申込率は、就学前児童人口に占める保育所等利用申込者数の割合
注3）利用児童数は認可保育事業のみを筆者集計（認証保育所は含まず）
注4）待機児童数は、各年4月時点

繰り返し述べているように、待機児童の多くは、人口集中地区である都市部で発生している。２０１６年４月の状況を見ると、２万３５５３人の待機児童のうち、首都圏（東京都・神奈川県・埼玉県・千葉県）、近畿圏（大阪府・兵庫県・京都府）の７都府県と、そのほかの政令指定都市・中核市などで、日本全体の待機児童の約75％を占める。また、２０１６年時点で日本全国には１７４１の市町村（東京都の23区含む）があるが、うち待機児童がいるのは３８６市町村で、全体の２割強である。

もちろん、最も待機児童が多いのは、東京都の８４６６人である。図表２－４にあるように、２０１５年４月の東京都の待機児童数

は7814人だった。それを受けて保育所などが整備され、16年4月には前年より約1万5000人多い子どもが入所できている。だがそれでも待機児童は650人以上増えているところから、問題の深刻さが伝わるだろう。

東京都では、保育所への申込率が上がっていることに加え、子どもの人数そのものも増えている影響が大きい。日本全体では少子化だが、東京都の就学前児童人口は増えているのだ。2011年には、東京都の就学前人口は約60万9000人で申込率は32・5%、申込者の人数は約19万8000人だった。それが16年には就学前人口が約63万7000人に増え、申込率も41・3%となり、申込者数は約26万4000人と、6万5000人以上増えている。ちなみに、2015年に日本で生まれた子どもは100万6000人弱、そのうちの約11・3%、11万3194人の子どもが東京都内で生まれている。

団塊ジュニアが生まれた1970年代前半は、東京都で毎年20万人以上の子どもが生まれていたが、その後一気に減少し、93年には10万人を割っている（日本全体に占める割合は8・3%）。その後、増減を繰り返しながら、この数年は少しずつ増えている。その結果、日本全体における東京生まれの子どもの比重は増している。

一方、合計特殊出生率を見ると、東京は1・17（2015年）で全国最低である。それでも生まれる子どもの数が増えているのは、それだけ東京に人が集まっているからにほかならない。

総務省の「住民基本台帳人口移動報告　2016年結果」によると、3大都市圏である東京圏（東京都・神奈川県・埼玉県・千葉県）、名古屋圏（愛知県・岐阜県・三重県）、大阪圏（大阪府・兵庫県・京都府・奈良県）において、東京圏は11万7868人の転入超過であるのに対し、名古屋圏は2363人、大阪圏は9335人の転出超過である。13年以降、名古屋圏・大阪圏ともに転出超過で、移動した住民の行先は主に東京圏である。地方創生が叫ばれ、東京一極集中が日本におよぼすリスクも指摘されているが、東京圏への集中は加速している。

東京圏は1990年代前半のバブル崩壊期を除き、ずっと転入超過である。しかも転入超過の人数は、2010年の3万人台を底に増えている。東京圏のなかでも最も転入者が増えているのは東京都であり、なかでも東京都特別区（23区）である。東京都特別区は1997年以降、20年連続の転入超過である。2016年には5万8207人の転入超過であった。人々が大勢流入しているので、出生率は低いにもかかわらず、生まれる子どもの数は増えているというわけだ。

都市で働く人が増えると、その人たちを支える関連産業の労働者も必要になる。2015

年の国勢調査を見ると、25〜44歳までの世代で東京に住む者は、全国の当該年齢人口の約12・6%である。第3章で詳しく触れるが、待機児童解消のため保育所を増やそうと、東京都は全国から保育士を集めている（これは介護分野と同じ構造である）。東京の住民を支えるサービスを供給するために全国から人を吸収すると、またその人たちが東京で家族を形成し、保育所等の社会インフラがさらに必要になる。こうして一極集中はさらに進む。抜本的な待機児童対策には、本気で東京一極集中に歯止めをかけ、企業や仕事を地方へ分散させることが必要だと思われる。

都市部内での偏り

また、共働きであればこそ、親は通勤に便利な場所に住もうとする。その結果、都市部のなかでもさらに偏在が進んでいる。

例えば自治体にヒアリングすると、兵庫県では大阪に遠い西側から、大阪に近い東側へと人口移動が続いているという。さらに神戸市内でも同じようなことが起こり、神戸市のなかでも大阪に近い東側に人が集まっている。さらには神戸市の東にあり、より大阪に近い西宮《にしのみや》市に人口が集まりだしている。

首都圏では横浜市内の保育需要も偏在している。都内への通勤が便利で、マンション建設が続く東部の港北区《こうほく》、神奈川区、鶴見区《つるみ》では申込者が増え、現在、この地域の保育所は定員以上の子どもを入所させている。保育士も増やしている。これは待機児童の多い自治体で実施されている定員割り増し入所である（もちろん、子どもの人数に応じて保育士も増やしている）。だが横浜市の南部、鎌倉《かまくら》市に近いが東京には遠くなる金沢区《かなざわ》、港南区《こうなん》などでは、定員割れしている保育所がある。2016年4月には、市内の348園で定員に上乗せして2848人を入所させている一方、246園で1665人の定員割れが生じている。

同じ市内でも、待機児童が溢れる地域には保育所が増える一方、別の地域では少子化が急速に進展し、保育所が定員割れするだけでなく小学校まで統廃合されている。「市の南部に住めば保育所に入れます」と横浜市は言っているが、だからといって、若い世代が移り住むわけではない。親は通勤時間のかからない場所に住み、駅に近い便利な保育所に預けようとするため、ニーズは特定の場所に集中する。

ところがお分かりのとおり、駅に近い便利なところに大きな土地や施設を確保するのは至難の業《わざ》である。そもそも土地がないし、もしあったとしてもきわめて高額である。財政に制約のある自治体が安易に手を出せるものではない。また、便利な場所ほど住宅や商店が密集しており、建設反対運動も起こりやすい。

子育て世代の流入に悩む地域

都心部への移動は、横浜市では完結しない。横浜市から川崎《かわさき》市へ、そして川崎市から世田《せた》谷《がや》区などの都内へと移動が進んでいるようだ。横浜市では就学前児童人口の減少が始まっている一方、人口約149万人（2016年）の川崎市ではここ数年、毎年500人近く就学前児童数が増えている。

人口90万人弱（2016年）の世田谷区は、その比ではない。2010年から15年にかけ総人口は2万6985人増え、特に0～5歳の就学前児童人口が4904人増えている。年平均で1000人近く増えているということであり、05年には年6210人だった出生数も、15年には8164人と大幅に増えている。つまり首都圏でもより中心部に人が集中しているのだ。世田谷区の場合、出生人数だけでなく、保育所への申込率も上がっており、認可保育所への入所希望者も増え続けている。世田谷区は保育所を増やしているが、土地や建物が無限にあるわけではない。保育所新設への反対運動も周辺住民から起こっており、待機児童も1198人（2016年4月）と全国の基礎自治体で最多となっている。

待機児童が増加する自治体の悩みは、マンションや住宅開発が進み、さらに人口が増え、保育所ニーズが増え続けていることだ。東京都の江東区《こうとう》などでも中規模マンションがどんどん建ち、子育て世代が流入しているが、保育所を建てる土地がないという。

そこで川崎市では2016年秋から「川崎市保育所等整備協力要請制度」を導入し、マンション開発業者に保育所への協力金を求めることにした。各戸、床面積60平方メートル以上の家族用のマンションで、戸数50戸以上180戸以下の場合は、各戸につき30万円の寄付金、181戸以上のマンションは認可保育所の自主整備か寄付金を要請することとした。

また、西宮市では、保育所の待機児童が増大するだけでなく、小学校も満杯になるため、教育委員会で「教育環境保全のための住宅開発抑制に関する指導要綱」を定めた。一定面積以上の宅地開発は事前に届け出を求めたり、地域をそれぞれ指定し、やはり家族向けの30戸以上のマンション建設を抑制する場所を設定したりしている。だが、そうすると今度は土地を分割し、29戸の小規模のマンションがいくつも建つような事態が起こっている。

子育て世代が住みたいと思う地域とそうでない地域が、大きく分かれていることが保育ニーズの偏在を生み、それがさらに待機児童問題を深刻化させている。

地方での偏り

こうした地域内の偏在は、首都圏や関西に限らない。宮城県の例を挙げよう。東北では青森県や山形県は待機児童がいないが、宮城県には638人いる。さらに宮城県内を見ると、仙台市を除いた宮城県の市町村では、2015年に比べ16年に保育利用児童が減少した市町村は7、増えた市町村は25、変わらない市町村が2である。2016年4月の宮城県内の市町村にある認可保育所数（仙台市除く）は325ヵ所、利用児童数は前年から720人増えて1万9579人、待機児童は425人。それに対して、仙台市の認可保育所数は290ヵ所で、利用児童は1477人増え1万6971人、待機児童は213人である。

そもそも以前から東北のなかでも宮城県、特に仙台市に人が集中する流れがあった。さらに東日本大震災以降、岩手県や福島県の沿岸部の住民が仕事のある仙台市やその周辺に集まってきていることが一因としてあるだろう。しかし、周辺農村部から県庁所在地やその通勤圏へ若い世代が移動する流れは、戦後一貫して続いてきたものである。そこに少子高齢化と過疎化の加速が重なり、周辺農村部の保育所が少子化で成り立たなくなる一方で、若い世代が集まる県庁所在地やその周辺地域には待機児童を生んでいる。

農村部の保育所は、過疎化の進展で軒並み定員割れしている。しかし、農村部ほど昔から一家みんなで働くのが普通であったため、幼稚園がなく、保育所しか開設されていないところが多い。そうした地域で保育所をなくせば、もはや「その地域では子育てができない」ということになる。また、少子化が進むなかで、近所に近い年齢の子どもがまったくいない、というケースも珍しくない。そうした場合、保育所に行かなければ子ども同士で遊ぶ経験ができないのである。「子ども・子育て支援新制度」では、地域によっては19人以下の小規模保育であっても、3歳児以上も通所可能とされた。その背景には、「子ども同士で遊べる環境を守る」こともある。

このように、過疎地にはたとえ定員割れしていても、保育所を維持しなければならない理由がある。小学校は統廃合してスクールバスを出す手もあるが、乳幼児を預かる保育所では難しい。例えば岩手県遠野《とおの》市は、市町村合併を経て、東京23区の約1・3倍の面積となった。市の中心部から遠い各旧村には、定員割れの保育所が点在している。だが、冬は雪深い遠野市ではその保育所をなくすわけにはいかない。子どもたちの育ちを守る大切な場所なのだ。

待機児童になるのは誰？

次は、子どもの年齢と待機児童の関係である。

図表2－5　全国の年齢区分別の利用児童数と待機児童数（2016年4月1日）

		利用児童	待機児童
低年齢児（0～2歳）		975,056人（39.7%）	20,446人（86.8%）
	うち0歳児	137,107人　（5.6%）	3,688人（15.7%）
	うち1、2歳児	837,949人（34.1%）	16,758人（71.1%）
3歳以上児		1,483,551人（60.3%）	3,107人（13.2%）
全年齢児計		2,458,607人	23,553人

注）利用児童数は、幼稚園型認定こども園、地域型保育事業等を含む全体
資料）厚生労働省（2016）「保育所等関連状況取りまとめ（平成28年4月1日）」より作成

図表2－5は2016年4月1日時点の、全国の年齢区分別の保育所等利用児童数と待機児童数である。実際に入所している約246万人の子どものうち0～2歳児が約4割、3歳児以上が約6割である。一方、先に述べたように、2万3553人の待機児童の9割近くが0～2歳児である。特に1～2歳児で7割以上を占めている。

それならもっと低年齢児の定員を増やせばいいと思われるかもしれない。しかし、低年齢児の定員を増やすのは簡単ではない。人手と施設の壁がある。まず人手、つまり保育士の確保が必要である。第1章（図表1－2）で見たとおり、認可保育所では保育士の配置基準、つまり1人の保育士が何人の子どもを保育できるかが決まっている。1人の保育士で保育できる子どもの数は0歳児で3人、1～2歳児で6人、3歳児で20人、4～5歳児で30人である。しかも0～1歳児の場合は、安全に遊び、寝るための場所が

必要とされ、1人当たりの施設面積も他の年齢に比べて広く確保しなければならない。

1人の保育士がもっと多くの子どもを見られないのか、と思われるかもしれない。だが、1～2歳のよちよち歩きの赤ちゃんの6人を、1人でどうやって見るのか考えてほしい。通常は12人の子どもを2人の保育士で保育する。そうしなければ、1人の子どものオムツを替えている間に、ほかの子へ目が行き届かないからだ。

その結果、1～2歳児が満員で入れない保育所でも、4～5歳児のクラスは定員割れしているということがある。こうした年齢の偏在は激しく、幼稚園と保育所の定員を合わせると、4～5歳児に関しては、地域にいる該当年齢児童の数を上回っている一方で、低年齢児の待機児童がいるような地域まである。仮に5歳児クラスが10人分定員割れしているとしても、そのスペースに1歳児や2歳児を入れるわけにはいかない。それぞれの年齢にふさわしい安全管理が必要だからだ。

定員割れは、保育所にとっても望ましくない。保育所に投入される運営費は、預かっている子どもの年齢と人数によって決まる。定員割れすれば、それだけ保育所の収入が減り、おのずと保育士の処遇も上げられないことになる。

認可保育所の定員は、おおむね低年齢児が少なく、4～5歳児が多く設定されている。最近は低年齢児の定員をできるだけ増やそうと、1〜2歳児の定員を3歳児と同程度に設定しているところもある。だが、それはそれで別の問題を引き起こす。都市部では、低年齢児保育に特化している小規模保育や家庭的保育などの地域型保育が増えていることは第1章で説明した。3歳になって、そうした保育所を出なくてはならなくなった子どもたちを受け入れる枠がない、という問題である。

作ると掘り起こす潜在需要

最後に、保育の拡充を進めても待機児童がなくならない大きな要因として、潜在需要の問題がある。

先に書いたように、2016年4月1日時点での、全国の待機児童は2万3553人であった。それでは待機児童のいる地域に、待機児童の年齢に応じて、保育所の定員を増やせば、待機児童は解消するのだろうか。残念ながらそうはならない。

2014年4月の待機児童は2万1371人だった。翌15年から「子ども・子育て支援新制度」が導入され、保育所等の定員は約19万6000人分も増えた。地域や年齢のミスマッチがあったとしても、待機児童解消には十分な増加と思えるが、15年の待機児童は2万31

67人とむしろ増えたのである。保育所定員が約10万人増加した翌16年も、待機児童は増えている。待機児童人数の何倍も保育所の定員を増やしても、待機児童は減らないのだ。

その理由は、保育所を作るとさらに潜在需要を掘り起こすからだといわれている。30年以上前の1980年代、専業主婦比率の高かった都会では、保育所は教員や公務員、ひとり親世帯など、限られた仕事や状況の人が利用するものだった。「保育所はかわいそうな子がいくところ」といった偏見もあり、保育所を利用する親子は少数派だった。

だが、状況は大きく変化した。1990年代半ばから専業主婦世帯を共働き世帯が上回るようになり、育児休業制度なども施行され、エンゼルプランで保育所の増設が政治的課題として登場した。2000年代に入ってからは、選挙のたびに「待機児童解消」が公約として掲げられ、保育所は社会的に注目される存在になった。また、バブル崩壊以降、若い世代の所得は下がり続けている。子どもがいるからこそ、母親が働き続けないと食べていけない若い世帯も増えており、もはや子どもを育てながら働き続ける母親は珍しい存在ではない。

そうして保育所に預けて働く人が周りに増えてくると、保育所が身近な存在になってくる。待機児童対策で近隣に保育所ができれば、これまで「保育所に入るのは難しい」とあきらめていた人も「預けて働きたい」と思うようになるだろう。

しかも、地域の結びつきが弱い都会での子育ては大変である。知り合いができず、孤独な育児におしつぶされそうになる人もいる。そうした親子への支援も保育所で展開されている。園庭開放や、子育て支援プログラムで保育所を訪れ、楽しそうに遊ぶ子どもたちを見れば、「子どもを通わせたい」と思ってもなんら不思議ではない。

横浜市のケース

2013年に待機児童ゼロを達成したものの、再び待機児童が生まれている横浜市の状況を見てみよう。

図表2－6には、横浜市の認可保育所等の定員、利用児童数、待機児童数などの推移をまとめた。まず、2013年に待機児童0になるまでの数年を見てみよう。横浜市が本格的に待機児童対策を始めた03年から07年まで、筆者は横浜市副市長であった。「子育て事業本部」を設置し、3年間での待機児童解消を目指した。当時、保育所は267ヵ所、就学前児童のうち保育所への申込率は13・0％、待機児童は1123人いた。

2003年度中に22ヵ所の保育所を新設、定員を1706人増やしたが、04年の待機児童はむしろ微増の結果となった。その結果を受け、「待機児童数と同規模の定員増では、待機

図表２－６　横浜市の認可保育所等の定員・利用児童数および待機児童数

年	保育所数	保育所定員	就学前児童数（A）	入所申込数（B）	申込率（B/A）	入所児童数	待機児童数
2003	267	24,983	201,163	26,250	13.0%	24,400	1,123
2004	289	26,689	201,626	28,112	13.9%	26,306	1,190
2005	327	29,888	200,022	31,253	15.6%	29,264	643
2006	368	32,994	198,183	33,387	16.8%	31,971	353
2007	383	33,944	196,763	35,466	18.0%	33,442	576
2008	402	35,582	195,898	36,573	18.7%	34,249	707
2009	420	36,871	194,638	39,948	20.5%	36,652	1,290
2010	436	38,295	193,584	41,933	21.7%	38,331	1,552
2011	459	40,007	192,861	44,094	22.9%	40,705	971
2012	507	43,607	191,770	45,707	23.8%	43,332	179
2013	580	48,916	190,106	48,818	25.7%	47,072	0
2014	611	51,306	188,540	52,932	28.1%	50,548	20
2015	797	56,022	187,595	57,526	30.7%	54,992	8
2016	868	58,754	185,564	61,873	33.3%	58,756	7

資料）横浜市こども青少年局

児童はなくならない」ということに、筆者や担当者は気がついた。そこで、04年度中に38ヵ所、3199人分の定員増に踏み切った。それにより、05年の待機児童は643人と半数強に減少した。翌年も41ヵ所、3106人分の定員増を行い、06年の待機児童は353人となった。減少したとはいえ、3年間かけても待機児童はゼロにはならなかったのである。

これだけの保育所を開設するには、市内の社会福祉法人だけでは難しく、日本各地の社会福祉法人に横浜に進出してもらった。すでに首都圏での保育士不足が始まっており、宮崎県や長崎県、福島県などの法人が地元の保育士を連れて横浜に来てくれた。また、株式会社やNPO法人にも運営を開放した。行政の力で新設用地や転用可能な施設を見つけるのが難しくなってきたなか、株式会社は自分たちで用地を見つける力があった。

一方、これまで空き地だった市有地などに保育所を開設するにあたっては、地域住民の反対が起こるようになっていた。待機児童の解消への迅速な対応が求められる一方で、地域住民からは「拙速だ」「事前説明が足りない」と怒られた。そのために、多くの対応が必要となった。

例えば、マンションの南側にある市有地に保育所を建設したケースでは、住民から「日当たりが悪くなる」という声が上がった。そこでマンションと保育所の距離を取り、日当たりを確保した。さらに騒音への懸念を踏まえ、遊び場はマンションの反対側とした。また、別の地域では自治会から「道幅が狭く、人の出入りが多くなると危ない」と言われた。そこで、保育所の敷地を削って道幅を広げ、歩道を設置した（広い市有地なので可能であった）。「夕食時にうるさいと困る」と言われ、保育所の閉園時間を早め、定員を減らしたケースもある。

そのうち、保育所を増やしても待機児童が減らない状況に対し、市の財政局が「保育に予算がかかりすぎる」と危惧を抱きだした。保育所は新設すると新設費用のみならず、その後の運営費も増えていくからだ。その結果、筆者の退任後も保育所は新設されたが、用地が枯渇してきたこともあり、新規開設数は年20ヵ所を下回るようになった。そうすると待機児童は再び増加し、2010年には1552人に達した。

その背景には、図表2－6に示されているとおり、保育所への申込率（申込者数を就学前児童数で割ったもの）の急上昇がある。2003年には13・0%だったものが、10年には21・7%になっていた。この事態に危機感を抱いた新市長が、再び待機児童対策を重要課題に挙げ、保育所増設に踏み切ったのである。

それでも、保育所定員を1712人増やして臨んだ2011年4月の待機児童は、前年の1552人から971人に減ったものの、まだ高止まりしていた。翌年は3600人分の定員増を確保し、12年4月の待機児童は179人にまで減る。さらに5309人分の定員増を実施し、やっと13年4月に待機児童はゼロになった。

だが、これで待機児童対策が終わったわけではなかった。待機児童がゼロになったことで、今まで保育所をあきらめていた人も入所を希望するようになったからだ。つまり、潜在需要を刺激したのである。さらに2008年のリーマンショック以降、出産しても仕事を辞めない、また辞めても早く再就職したいという母親の増加に拍車がかかっている。

その結果、待機児童ゼロになった13年に、さらに2390人の定員増をしたにもかかわらず、2014年4月には待機児童が20人となった。それに対して4716人定員増の15年4月は待機児童8人。2732人定員増の16年4月は待機児童7人であり、ゼロにはなっていない。待機児童の何倍も定員を増やしても、待機児童解消につながるかどうかは分からないのだ。03年に13％だった申込率は、16年には33・3％となっている。この数字はまだ伸びるだろう。先に図表2－3で見たとおり、全国の就学前児童の保育所利用率は39・9％（16年）となっているからだ。潜在需要はまだあると見るべきである。一方で、保育所を作り続け、保育関係の予算が膨らみ続けていることから、市民のなかには「子どもばかりに予算を配分しすぎ」という不満の声も出てきている。今後も、保育所を大きく増やし続けられるかは、不透明である。

なお待機児童数についていえば、４月時点が一番少ない。その後、年度途中での入所希望者が増える。年度途中に育児休業を終えたり、仕事が見つかる人もいるからだ。例えば２０１５年４月１日時点の横浜市の待機児童は８人だったが、同年10月１日には２９２人に増えている。

また、図表２‐６で注目してほしいのは、２００５年以降、横浜市内の就学前児童人口は減少し続けているということだ（ちなみに横浜市の人口総数は増え続けている）。05年の約20万人から、16年には18・６万人弱まで減っている。

神奈川県や横浜市は専業主婦比率が高く、保育所の少ない地域であった（埼玉県や千葉県も同様である）。その人口密集地で、保育所に子どもを預けて働こうという人の比率が急上昇したことが、なかなか解決しない待機児童問題の要因のひとつである。

これから労働力人口が減る日本では、働ける人にはひとりでも多く働いてもらうことが必要になる。そのため、安倍政権の掲げる「一億総活躍」政策では「女性の活躍」推進をうたっている。今後も、保育所の利用申請率が下がることはないだろう。

待機児童数は正しいか

これまで、2016年4月1日時点での待機児童は2万3553人と述べてきた。しかし、それは実態を反映していないという見方がある。実際には、認可保育所に入所を希望して入れなかった子どもは、2016年4月時点で先の2・4万人以外に、6・7万人以上いるというのだ。これは「潜在待機児童」もしくは「隠れ待機児童」と呼ばれている。どういうことだろうか。

実は従来、待機児童には、認可保育所に申し込んで入れなかった人すべてを含めていた。だが2001年に定義が変わり、自治体が独自に助成する認可外保育所などに子どもが入った場合や、自治体側が勧めた保育所を「兄弟で同じ保育所に入りたいから」「自宅から近い保育所がいい」という理由で断った場合などは、待機児童に数えなくてよくなった。また「立地条件が登園するのに無理がない（例えば、通常の交通手段により自宅より30分未満で登園が可能など）」保育所に空きがあるのに、断る場合も待機児童に含めなくてよくなった。さらに、保育所に入れず育児休業を延長した人を待機児童に算入するかどうかは、自治体の判断に任された。その結果、自治体ごとに待機児童の定義に違いが出ている。

例えば、2015年4月に一度待機児童ゼロを達成した川崎市の、翌16年4月の状況を見

図表2－7　川崎市の保留児童数と待機児童数の比較（2016年4月1日）

就学前児童数	81,878
利用申請者数（A）	27,576
利用児童数（B）	25,022
保留児童数（A）－（B）＝（C）	2,554
市の保育施策で対応している児童数等（D）	1,411
川崎認定保育園等対応児童数	1,107
おなかま保育室対応児童数	131
一時保育対応児童数	166
幼稚園預かり保育対応児童数	1
事業所内保育対応児童数*	6
産休・育休中の申請者数（E）	461
第1希望のみ等の申請者数**（F）	503
主に自宅で求職活動を行う申請者数（G）	173
待機児童数（C）－（D）－（E）－（F）－（G）	6

資料）川崎市こども未来局
＊「事業所内保育対応児童数」は、従業員枠で利用している場合
＊＊「第1希望のみ等」は、1ヵ所のみ申し込んだか、2ヵ所以上の申し込みをして、その中に利用可能な保育所等があるにもかかわらず利用を辞退した者、自宅から通常の交通手段でおおむね20～30分以内に利用可能な保育所等または市の保育施策の対象施設があるにもかかわらず利用を希望しない者などを指す

てみよう（図表2－7）。8万1878人の就学前児童のうち、利用申請者数は2万7576人（33・7％）だった。そのうち認可保育所に入所できた利用児童数は2万5022人である。ということは、2554人の子どもが保育所に入れなかったことになる。だが、2554人がすべて待機児童というわけではない。

まず保育所に申し込んだのに入れなかった、2554人全員が「入所保留児童」と呼ばれる。そこから、「川崎認

定保育園」や「おなかま保育室」など、川崎市が独自に設置している保育所等（川崎市が運営補助金を入れている）に入所している児童１４１１人が引かれる。さらに「産休・育休中の申請者」の４６１人も除外される。さらに第一希望のみしか申し込まなかった人や、自宅から30分以内に利用可能な保育所があるのに希望しない人など５０３人も外れる。そして「主に自宅で求職活動を行う」１７３人も除外すると、残りは６人となる。これが待機児童と呼ばれる人たちだ。

つまり、「待機児童６人」とはいうものの、実際に認可保育所に申し込んで入れなかった人は２５５４人いるのである。この状況は、一般の人には分かりにくい。「待機児童ゼロ」ならば、認可保育所に申し込めば入れるのだ、と勘違いした保護者からの不満も聞かれるようになっている。

一方、岡山市では２０１５年まで「自宅から30分未満で通える保育所」に空きがあるのに、断った人を待機児童に含めてこなかった。だが、実際には通勤前に30分近くかけて保育所に通うのは無理があると、それを改め、「第３志望までの保育所に入れなかった人」を待機児童に含めるようになった。その結果、岡山市では03年度から14年度まで待機児童はゼロだったが、15年４月は１３４人、16年４月には７２９人と待機児童が急増している。

図表2－8　主な市区の潜在待機児童の状況（2016年4月1日現在）

市区町村	①地方単独事業を利用している者	②育児休業中の者	③特定の保育所等のみ希望している者	④求職活動を休止している者	潜在待機児童（①～④の合計）	待機児童
世田谷区	1,022	0	152	17	1,191	1,198
杉並区	1,638	234	212	68	2,152	136
横浜市	987	420	1,337	366	3,110	7
川崎市	1,410	461	503	173	2,547	6
大阪市	0	363	1,435	411	2,209	273
西宮市	0	76	310	67	453	183
岡山市	0	0	614	0	614	729
全国計	16,963	7,229	35,985	7,177	67,354	23,553

資料）厚生労働省

どこまでを待機児童と見なすべきか

このように、どんな子どもを待機児童と見なすかの基準は自治体によって異なっている。そこで厚生労働省では待機児童の定義を統一しようと、2016年夏に検討会を発足させた。国では、1741自治体の申し込み状況を把握している。現状の待機児童は図表2－8の右端の数字であり、自治体が発表している数字を合計して、全国で2万3553人いるとされる。ただし、認可保育所に入れず保留児童となったが、必ずしも待機児童に算入されていない者として、①地方単独事業を利用している者、②育児休業中の者、③特定の保育所等のみ希望している者、④求職活動を休止している者があり、この4類型の人数を足すと全国で6万7354人となる。これが潜在待機児童といわれる者である。ちなみに、認可保育所に入れず育児休業を延長した「②育児休業中の者」が世田谷区に1人もいない、というわけではない。世田谷区ではこれらの人を待機児童に含めているため、この欄がゼロになっているのである。一方、待機児童に算入していない隣の杉並区では234人となっている。

認可保育所に申し込んで入れなかったすべての子どもを待機児童と見なすべきだ、という意見もある。だが、すべてを自動的に算入することが本当にいいか、検討が必要である。

例えば、「③特定の保育所等のみ希望している者」の扱いはどう考えるべきだろうか。「兄弟で同じ保育所に入りたい」と思うのは当然だろう。筆者の知人も兄弟を2ヵ所別々の保育所に預けており、両親で自転車を走らせ、朝夕の送り迎えは必死だという。一方で「駅前にあり、きれいで評判もいい保育所でなければいや」という人もいる。つまり「駅前で送り迎えも楽な保育所に入れるのなら働きたい。しかし、不便な保育所に通ってまで働く気はない」という人がいることも確かなのだ。人気のある保育所はたいがい、フルタイムの共働きや、ひとり親、生活保護世帯などの希望者ですぐに埋まるため、短時間パートや求職中の人が子どもを入れるのは難しい。

さらに、④の求職活動の扱いは悩ましい。仕事をしなければ暮らせない状態の人が、認可保育所に入れず、仕事探しもできないのは、深刻な問題だ。一方で「求職中」として入所し、ずっと「求職中」のまま就職しない人もいる。自治体も数ヵ月ごとに状況調査をするが、一度入所した子どもを「何年も求職中で仕事につかないから」と退園はさせにくい。

さらに「②育児休業中の者」に関してだが、育児休業延長者のなかには、早めの職場復帰を求められているのに入所できず、やむなく休業延長する人もいれば、「育児休業の延長手続きをするために、「保育所に入れない」という通知が必要で、申し込んでいる人」とが混在している。例えば育児休業は原則1年だが、保育所に入れなかった場合、子どもが1歳半になるまで育児休業を延長できる。本当に早めに復帰したい人と、育児休業を1年半に延長するために、入所できないことを前提に申し込む人が混ざっているのだ。

また①の地方単独事業についても、難しい。たしかに東京都の認証保育所の保育料は、認可保育所より高い。それにもかかわらず、待機児童と見なされないのはおかしい、という不満の声もある。だがなかには、認証保育所のほうが夜遅くまで保育してくれて便利だという人もいる。

たしかに、保育所に入れないで困っている人は、現在の待機児童人数として数えられている人たちよりも多いだろう。しかし、認可保育所に申し込んで入れなかったすべての人に、待機児童と見なすような緊急性があるかどうかもよく分からない部分がある。

もちろん、大前提として、女性が自分の望むライフコースを自由に描き、仕事や結婚や出産の選択を自分の意志でできるようにすること、妊娠や出産に際して「困った、保育所はどうしよう」ではなく、「良かった」と喜べる安心感を保障することが重要である。そのためには、保育所の整備が必要だ。そして、そのうえで最も深刻な問題が保育士不足である。次章ではこの問題を取り上げる。

第3章　なぜ保育士が足りないのか――給与だけが問題ではない

高まる求人倍率

ここまで、都市部での保活の厳しい現状や、日本全体で人口減少が進むなか、首都圏のなかでも特に東京23区に人口が集中していることが保育園問題を深刻化させている実態などを紹介してきた。都心では保育所を作ろうにも、土地も建物も限りがある。住宅街の空き地や公園に設置するなど、自治体はさまざまな工夫をこらしているが、近年は近隣からの反対運動も激しくなっている。

だが、実は最も深刻な問題は保育士不足である。保育所の施設ができても保育士が見つけ

図表3－1　保育士の求人倍率（各年度で最も高い月の数値）

年度	2011	2012	2013	2014	2015	2016
全国	1.36	1.51	1.74	2.18	2.44	2.34
東京	3.27	3.54	4.52	5.37	5.72	5.68

資料）厚生労働省（2015）「「保育士確保集中取組キャンペーン」について」、（2017）「「保育士確保集中取組キャンペーン」を実施します」より作成
注）2015年の東京、2016年の全国と東京は11月の数値であり、ピークはより高い数値になると思われる

られず、子どもを少数しか受け入れられないという事態も起こっている。では、なぜ保育士が不足しているのだろうか。

国は２０１３年に待機児童解消プランを策定し、17年度末までに保育の受け入れ枠を40万人分確保する計画を立てた。さらに、一億総活躍社会の目標に合わせ、50万人分に目標値を上げている。25～44歳の女性の就業率が上がることを前提に、17年度末には１～２歳児の保育所利用率が48%になると想定しているからである（２０１６年４月現在の利用率は41・1%）。それだけの受け入れ枠を確保するには、17年度末までに13年度比で約９万人増の保育士が必要になる（このほかに自然増で２万人は増えると推計しているので、計11万人増である）。

そうした保育施設の拡大に合わせ、保育士の求人倍率は年を追うごとに上がっている。図表３－１は各年度の最も高い求人倍率を示している。保育所の多くは年度初めの４月に開所するため、求人は年度後半から１月あたりがピークになる。なかでも求人倍率が高いのは東京である。ここ数年、東京を中心とした首都圏では、待機児童対策で保育所新設が続き、

軒並み求人倍率は高い。2016年11月の保育士の求人倍率は、全国平均では2・34だが、東京では5・68、神奈川県は2・48、千葉県は2、埼玉県は3・73である。5・68倍とは、5・68人分の求人に対して、1人の求職者しかいない、つまり求人数の2割にも満たないということだ。求人倍率が1を下回っている県は、山梨県の0・95のみで1県である。

潜在保育士が多数派

それほど求められている保育士だが、2014年の厚生労働省のデータによると、年に約4・9万人が就職する一方、約3・3万人が離職している。しかも保育士養成校の新卒者のうち保育所に就職するのは、卒業生の約半分、2・2万人にすぎない。11万人という数字からはほど遠い現状だ。

2013年時点では約41万人の保育士が保育所で働いている（そのほか、児童養護施設や障害児施設など社会福祉施設全体で見ると、保育士として働いているのは計約43万人となる）。他方、資格がありながら働いていない保育士は約76万人いると推計されている。そうした「潜在保育士」を年齢別にまとめたのが図表3－2である。49歳までの年齢層では、53万人強が潜在保育士だと考えられる。この年齢層の全保育士有資格者に占める潜在保育士の割合は59・

図表3－2　「潜在保育士」の人数と全保育士有資格者に占める割合の推計

年代	潜在保育士人数	潜在保育士の割合
～24歳	60,724	38.7%
25～29歳	125,118	56.7%
30～34歳	102,237	62.5%
35～39歳	99,120	68.2%
40～44歳	78,499	68.4%
45～49歳	68,520	67.3%
上記合計	534,218	59.2%
すべての年齢の計	758,748	64.0%

資料）厚生労働省（2015）「保育士等確保対策検討会資料」より筆者試算
注）「すべての年齢の計」とは保育士資格のあるすべての人、つまり上記合計に50歳以上も含む人数

2%であり、資格を持っていながら保育士として働いていない人のほうが、働いている人より多い。全年齢の潜在保育士の人数と比率は各都道府県別でも試算されている。潜在保育士比率が最も低いのは新潟で50%、東京も56%と全国平均を下回っている。一方で、最も高いのが奈良県の74・7%である（16年11月の保育士の有効求人倍率は1・59）。なお、奈良県は就業する女性の比率が全国で最も低い県でもある。

東京都と埼玉県の調査によると、潜在保育士の4～5割は働いておらず、残りは保育士以外の職種で働いていると見られる。これほど求められているのに、なぜ保育の仕事をしないのだろうか。2013年に厚生労働省職業安定局が、ハローワークの求職者のうち、保育士資格がありながら保育士を希望しない人にその理由を尋ねている（図表3－3）。その最も大きな理由は「賃金が希望と合わない」であるが、「責任の重さ・事故への不安」「休暇が少な

い・休暇がとりにくい」といった項目も目を引く。これらの点が改善されれば、今は保育士として働くことを希望していない人の6割以上が、保育士として働いてもいいという。

東京都が2014年に実施した調査でも、現役保育士として就業中の者の59％が給与の改善を希望しており、たしかに第一に「給与の低さ」が一番の改善要望として挙げられる。つまり保育士として働いている人も、働くことを希望しない人も、給与が一番の不満なのだ。

しかし、問題はそれだけではない。「金さえ出せば保育士不足は解消する」と考えられて

図表3－3　保育資格を有しながら、保育士としての就業を希望しない理由（%、複数回答可）

賃金が希望と合わない	47.5
他職種への興味	43.1
責任の重さ・事故への不安	40.0
自身の健康・体力への不安	39.1
休暇が少ない・休暇がとりにくい	37.0
就業時間が希望と合わない	26.5
ブランクがあることへの不安	24.9
業務に対する社会的評価が低い	22.3
保護者との関係がむずかしい	19.6
子育てとの両立がむずかしい	14.9
雇用形態（正社員・パートなど）が希望と合わない	10.0
仕事の内容が合わない	9.2
将来への展望が見えない	8.6
教育・研修体制への不満	5.8
有期雇用契約が更新されるか不安	4.8
その他	18.9

資料）厚生労働省職業安定局（2013）「保育士資格を有しながら保育士としての就職を希望しない求職者に対する意識調査」より作成

いる節があるが、第二に労働時間の長さや休暇が取れないこと、第三に責任の重さと事故への不安、第四に保護者との関係、なども大きな問題なのである。順に見てみよう。

保育所の運営費と保育士の給与

保育士の給与の低さについて考える前に、どのようなしくみで保育士の給与が決まっているかを見てみよう。前述したように認可保育所には公立と私立の2種類がある。公立保育所の保育士は自治体の公務員なので、その自治体の給料表に応じて給与が支払われる。

だが私立の認可保育所の場合は、保育士1人につき給料がいくら、と運営費が入るわけではない。まず親が払った保育料は市町村に入る。そして個々の保育所の運営費は市町村から給付される。なお正確には、認可保育所に対するものは施設型給付、地域型保育に対するものは地域型保育給付というが、本書ではまとめて「運営費」とする（また、新制度開始前の国の基本的なルールでは、保育所の運営費については、保護者が半分を保育料として負担し、残りの半分を、国：都道府県：市町村＝2：1：1、で案分負担することとなっており、このルールで国や県から市町村に予算が来ることになっていた。新制度開始以降は、低年齢児の利用者が増えたことや保育料の多子減免の拡大、保育士の人件費加算などもあり、国基準で保育所が運営されているとすると、保育所運営費全体の7割程度は公費負担になっていると、推測される）。

それではこの保育所に渡される運営費は、どのように決まるのだろうか。保育所に入る運営費は、子ども1人を保育することで決まる単価である「基本額」と、さまざまな取り組みをすることで給付される「加算」から成り立っている。

基本額は次の要素から決まる。まず保育所の所在地域によって、基準額のままの地域から、最大20％の割り増し加算がつく都市部まで8つに区分されている（都市部は住居費や、ほかの仕事の給与も高いからだ）。さらに施設規模（定員別に17区分ある）、保育している子どもの年齢、保育時間によって子ども1人当たりの基本単価が決まり、それに保育されている子どもの人数をかけることで、基本の運営費が決まる。

加算については、休日保育の実施や障害児の受け入れ、主任保育士の配置、事務の仕事を手伝う人の雇用、第三者評価を受ける、といったようなことでつく。保育士の経験年数も加算につながるが、経験年数による加算は10年目の12％加算で頭打ちになる。

このような計算を経て保育所の総運営費が決まる。あまりに複雑なので、2016年秋から内閣府では、事業者が自分たちの収入を概算できるように自動計算のホームページを開設したほどだ。こうして保育単価と加算額を積み上げていくことによって、保育所全体の運営費が決まり、市町村から保育所に渡される。この運営費から個々の保育所は自分たちの方針に従って、保育士に給与を支払うわけだ。保育所が運営費から標準的な割合で人件費を支払えば、働き始めて5～6年目の保育士の年収は、額面で370万程度になるはずと、厚生労働省は試算している（16年度。運営費の残りは給食の食材費、光熱費、教材費、遊具などさまざまなものに支出される）。

また、これはあくまでも国が定めた単価で、国から市町村にはこの基準で予算が交付される。だが、市町村は先の章で見たように国基準より保育料を下げたり、待機児童の多い地域では保育士への人件費を独自に加算して保育士を集めたりしている。これらの分は、本来担うべき負担を超えて、市町村が税金で補助しているのだ。

それでは保育士の給与の実情はどうなっているのだろうか。保育士の平均賃金について、厚生労働省が「平成26年度賃金構造基本調査」をもとにまとめている（図表3－4）。

これは私立の認可保育所の数値であるが、男女計で見ると保育士は平均年齢34・8歳、平均勤続年数7・6年で平均月額賃金約22万円であることが分かる。全職種平均に比べると、保育士は平均月額賃金が11万円も低いため、みな就職したがらないといわれている。だが、これは保育士に限った問題ではない。福祉職といわれる福祉施設介護員やホームヘルパーも、

図表３－４　保育士その他の平均賃金や勤続年数

	男女計			男				女			
	平均年齢（歳）	勤続年数（年）	きまって支給する現金給与額（千円）	構成比（%）	平均年齢（歳）	勤続年数（年）	きまって支給する現金給与額（千円）	構成比（%）	平均年齢（歳）	勤続年数（年）	きまって支給する現金給与額（千円）
全職種	42.1	12.1	329.6	67.2	42.9	13.5	365.7	32.8	40.6	9.3	255.6
保育士	34.8	7.6	216.1	6.6	31.4	6.3	239.4	93.4	35.1	7.7	214.4
福祉施設介護員	39.5	5.7	219.7	33.6	36.2	5.4	233.4	66.4	41.2	5.9	212.8
ホームヘルパー	44.7	5.6	220.7	24.8	39.0	4.1	229.8	75.2	46.6	6.1	217.7

資料）厚生労働省（2015）「保育士等確保対策検討会資料」より作成
注）きまって支給する現金給与額とは、労働協約または就業規則などにあらかじめ定められている支給条件、算定方法によって６月分として支給される現金給与額のこと。手取り額でなく、税込み額である。現金給与額には、基本給、職務手当、精皆勤手当、家族手当などが含まれるほか、超過労働給与額も含まれる

平均月額賃金は保育士と同程度である。しかも、いずれも女性のほうが男性より低くなっている（これは全職種平均でも同様である）。さらに、平均勤続年数についても、福祉職は全職種に比べて短い。

この図表から分かるように、保育士をはじめ、人をケアする福祉の仕事全体の賃金、また女性の賃金が低い。人のケアをする仕事は、女性が家庭で無償で担ってきたため、低く評価されているのかもしれない。さらに保育や介護といったケア労働は労働集約的であり、コストのほとんどが人件費だという事情もある。

地域による違い

保育士の平均年収については、さらに詳しく計算されている。全保育士の平均年収は約317万円だが、女性は約314万円、男性は約350万円である。また、東京都は約369万円、愛知県は約372万円である一方、佐賀県は約220万円と、地域による開きが大きい。

ただし、その額が高いか低いかどうかは、地域内の賃金状況による。例えば、東京では保育士のみならず介護職員も不足している。だが、地方はそうでないという。『朝日新聞』2015年2月23日付の記事によると、宮崎県の介護職員の平均月給は約20万円で、20代半ばの女性介護職員の場合、ボーナスも含めた年収が約320万円になる。介護職員の平均月給が約27万円の東京に比べれば低い水準だが、宮崎県では事務職よりも高い。企業の少ない地方では「昔から役場・農協・福祉施設は優良企業」といわれ、生活も安定しているので、辞める人も少ないと紹介されている。このように、実額だけで単純に比べることはできないのだ。

家賃や生活費が高く、かつ選べる仕事の種類も多い東京では、人々が求める給与水準もそれだけ高くなる。その東京で待機児童が多く、保育所が保育士を求めているのだから、当然、高い給与でないと人が集められないことになる。保育士不足を受け、国は少しずつ保育単価を上げ、保育士の人件費のかさ上げを行ってきた。２０１７年度には保育士全員に月額で約６０００円、さらに経験年数が７年程度ある保育士は、全産業の女性労働者との賃金差である４万円を埋める方針である。

だが、待機児童の多い自治体では、それでは不十分だとしている。例えば東京都足立《あだち》区では、すでに独自に私立保育所の人件費をかさ上げしている。ただ、保育士に直接支給するわけではなく、あくまで人件費の加算分を保育所に渡す形になる。本当に保育士の賃金が上がっているか、足立区が調査したところ、一部の法人では役員に高額の報酬が支払われ、保育士の給与には回されていなかった。

また、首都圏では各市区が独自に人件費加算をするのみならず、地方から保育士を集めるためにさまざまな工夫をこらしている。現在、国では、経験５年未満の保育士に対して（２０１７年度からは10年まで受給可能となる予定）、上限月額８・２万円の家賃補助を市町村と分担して実施している。首都圏の多くの自治体ではこの上限いっぱいの家賃補助を実施している。首都圏に隣接した栃木県や茨城県で保育士の求人倍率が高いのは、その影響もある。若い保育士がみな東京に行ってしまうのだ。また千葉県船橋《ふなばし》市はこれまで月額給与に約２・５

万円上乗せしてきたが、待機児童が増加したために、2016年度から3・2万円、期末手当には約7万円と、大きく加算を引き上げた。そのおかげで船橋市は保育士が確保できたが、代わりに隣の千葉市では保育士が流出してしまった。自治体間で競争し、保育士を取り合っているのだ。

さらに2017年度から東京都は、独自に上乗せして保育士1人当たり平均で月額4・4万円の給与の引き上げを予定している。つまり東京都内の認可保育所に勤めれば、給与がほかの地域より高いだけでなく、市区によるが、家賃補助も8・2万円まで出るところが多い。ますます地方から東京に保育士が集まることになるだろう。

公立と私立の給与格差

ここまで議論してきたのは、私立保育所の保育士に関してである。私立保育所の保育士は、これまで見てきたように保育単価にもとづいて、市町村から渡される保育所の運営費収入から給与が支払われる。だが、公務員の保育士は国の基準とは関係なく、勤務先の自治体の給与表で支払われる。基本的に公務員の保育士の給与は年功序列で上がっていき、私立保育所の保育士よりも高い給与を得ている。

「平成27年社会福祉施設等調査」によると、常勤の保育士の人数を見ると、公立保育所には約10・7万人、私立保育所には約20・5万人の保育士が働いている。先ほど見たように、2014年の私立保育所の保育士は平均年齢34・8歳で年収は約317万円である。一方、東京都練馬《ねりま》区の保育士は平均年齢44歳で平均年収は約646万円である。練馬区の総職員数4435人のうち、保育士は約2割の925人を占める（「平成27年度練馬区人事行政の運営等の状況の公表」資料より）。

だがご存じのとおり、財政難のなかで多くの自治体は人件費を下げることが求められている。公立保育所も例外ではない。ただ、すでに勤務している公務員の保育士の給与や雇用に触れることはできないので、新たな正規職員の雇用を控え、非正規の職員を多く雇用するようになっている。

図表3−5は、2011年度の全国社会福祉協議会による調査から、保育士に占める非正規職員の割合を見たものである。この調査は全数調査ではなく、答えた公立保育所は4041ヵ所であるが（同年全国では約9900ヵ所公立保育所があった）、公立保育所の3割強では、保育士に占める非正規の割合が6割以上ということが分かる（私立保育所は約1万1800ヵ所のうち4126ヵ所が答えている）。非正規といっても短時間のパートだけでなく、フルタ

図表3－5　非正規の保育士が占める割合

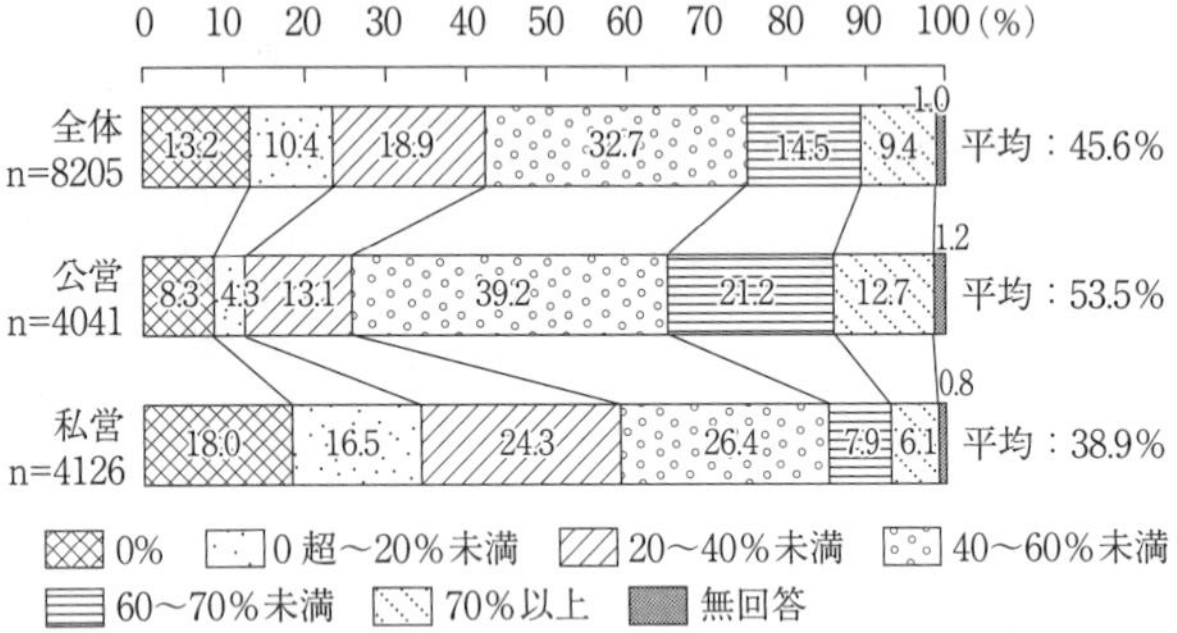

資料）全国社会福祉協議会・全国保育協議会「全国の保育所実態調査報告書2011」より作成
注）非正規は嘱託、契約、パート・アルバイト、派遣職員等が該当

イムの契約職員や嘱託、派遣なども含まれている。

その背景には、人口規模の小さい地域、つまり財政力のない自治体で公立保育所比率が高いということもある（都市部では待機児童対策で私立保育所の新設が相次ぎ、公立の比率が下がってきている）。地方では少子化と過疎化が進んでおり、遠くない将来に保育所の統廃合をしなくてはならないため、正規雇用の職員を増やせない面もあると考えられる。

また、一般的な認可保育所の運営経費の約7割は人件費である。先ほど見たように例えば東京都の私立保育所の保育士の平均賃金と比べると、練馬区の公務員保育士の給与は約2倍である。ここから計算すると同じ規模の保育所であれば、公立保育所は私立保育所の1・7倍のコストがかかることになる。

保育だけでなく医療や介護などほかにも財源が必

要な分野がいくつもあり、今はどの自治体も財政に余裕がない。だが、保育所は増やさなくてはならない。公立保育所の運営費を節約できれば、その分、新規の保育所を設置したり、私立保育所に補助金を出すこともできる。さらに、「公務員を減らせ」「行政改革しろ」という市民からの要求もある。財政難のなかで「保育所の予算を増やす」ということは、その代わりに「ほかの行政サービスを止《や》めて財源を生み出す」ことが必要なのだ。そのため、公立保育所において非正規職員の比率を高めて、コストを抑えているとも考えられる。また正規職員の育児休業期間に契約社員を雇ったり、職員に残業させないように、早朝や夜に非常勤を入れているということもある。

もちろん私立保育所の保育士の処遇はもっと改善されるべきである（これは介護福祉士も同様である）が、国も地方も借金まみれで、財源は天から降ってくるわけではない。今の予算のなかでやりくりするのも限界に達しつつある。それに加えて、「子どもの声がうるさい」と保育所開設の反対運動も起こるような日本で、子どものためにもっと負担しよう、という同意形成はどうすれば可能だろうか。保育士給与の問題は、限られた財源をどう配分すべきか、保育士の適正な待遇はいかにあるべきか、という課題を示している。

長い労働時間、取りにくい休暇

保育士が給与以外に抱いている不満について、順に見てみよう。

まずは労働時間の長さと休暇の取りにくさである。かつて、保育所の最低基準では、保育時間は8時間であった。しかし、通勤時間を考えると8時間保育では保護者はフルタイム勤務ができない。そこで今では11時間が保育の標準時間となっている。厚生労働省の「平成27年社会福祉施設等調査」を見ると、公立保育所では10・5～11時間開所が約50％、11・5～12時間開所が約40％となっている。一方、私立保育所では10・5～11時間開所が約35％、11・5～12時間開所が50％弱となっているだけでなく、12時間以上開けている施設が15％を超えている。

保育所の開所時間が長くなれば、当然、保育士の労働時間も長くなる。東京都の保育士への調査（2014年）を見ると、正規職員のなかには週6日勤務している者が3割強いる。さらに、正規職員の5割弱が毎日9時間以上働いている。都心部の保育所ほど、保護者も長時間労働で通勤時間も長く、それだけ保育所も長時間の保育が求められる。さらに人手不足で延長保育のためのパート保育士などの補助人員も集めにくく、ひとりひとりの保育士の働きでカバーせざるをえない。

さらに保育士は体調不良でも休みにくい。認可保育所は、基準人数の保育士有資格者が必ずいないといけない。その人数がギリギリだと、休みたくても休めないことになる。人員不足による、職場のゆとりのなさも保育士の就労継続意欲を削《そ》いでいる。

責任の重さと事務的作業の多さ

次に、事故のリスクや責任の重さも保育士の負担感を強めている。

東大発達保育実践政策学センターが2015年から16年にかけて調査したところ、クラス担任の保育士の負担感を強めているのは、給与が十分でないことよりも、「仕事の責任の重さ」と、「事務的作業の多さ」となっている。

例えば近年、食物アレルギー児の比率が上がっていることもそのひとつである。ある保育所では1月末に4月入所の児童が決まると、個々の児童のアレルギー対応を確認するために会議を繰り返して、準備が3月までかかるという。アレルギー児の事故は、配食のミスだけでなく、アレルギーのある児童が一瞬のすきにほかの子の食事に手を出してしまう場合もある。アレルギーでなくても、慌てて食べてのどに食べ物が詰まるなど、ちょっとしたことが子どもの命に関わる、緊張感が抜けない仕事である。

また、子どもの小さなケガも許さない、という親の理解のなさも保育士を追い詰める。子どもが成長していく過程で、子ども同士でおもちゃを取り合って喧嘩《けんか》したり、かみついたり、ということは当然ありうる。そうやって集団のなかでのゆずりあいや順番を守るといったルールを学んでいく。また、今の自分の能力をちょっと上回ることに挑戦することで、子どもは伸びていく。転んだ時に手をついて体を守ることも、転んだ経験がないとできない。走ったり、よじ登ったり転んだりして、何をすると危ないか体感することが、大きな事故を防ぐのだ。それは病気になって免疫をつけることと、同じようなものである。

最近、転んだ時に顔を打ったり、前歯を折る子がいるのは、転ばせないように周りの大人が手助けばかりしているので、転んだ時に手をついて顔を守ることができない子どもが増えているからである。十分に体を動かしたり、転んだ経験が乏しいので、体が反応できないのだ。ちょっとしたケガも許さないようにと、少しも冒険させず、子どもを守ろうとすればするほど、子どもの身体能力の成長を阻害して、かえって大きな事故を招きかねないのだ。

このほかに保育士の負担感が強いのは、事務や雑務の多さである。保育士の仕事には実際に子どもに向かい合うだけでなく、保育日誌の記入や定期的な行事の準備などもある。そこで子どもに直接関わらない仕事を補助し、保育士の負担を少しでも減らして離職を予防しようと、一定の研修を受けた者を「保育補助者」として雇用する制度が2016年度より開始されている。フランスの保育所を経験した髙崎順子は、「親に渡す保育の連絡帳はフランスにはない。日本は保育所にあれこれ求めすぎである。日本の保育士の負担を減らすためにも、連絡帳をなくしたらどうか」という趣旨の提案をしている（『フランスはどう少子化を克服したか』新潮新書）。

保護者への対応

保護者への対応も保育士の負担になっている。今や保育士の仕事は子どもを保育するだけではない。保護者への支援も保育士の仕事である。保護者のなかには、虐待の恐れのある親や精神疾患を抱える親もいる。家族の支えがなく、地域の人間関係も希薄になるなかで、保育所が最後の受け入れ場所となっている。育児放棄など子育てに深刻な課題がある親の場合、親が働いていなくても、行政が措置（行政が子どものために保育所へ通わせることが必要だと判断した場合、親の希望のいかんにかかわらず、保育所への入所を取り計らうことである）で子どもを保育所に入所させるケースがあるからだ。そういった親への対応も大変である。筆者の下の子が保育所に通っていた時には、精神的に不安定な保護者がおり、子どもを迎えに行くたびに、その保護者が園長や保育士を捕まえて、大声でまくしたてる姿を見た。さらに、そうした課題を抱える親の事情を知らないほかの親たちが、「あの人は働いていないのに、なぜ保育所に子どもを預けているの？」と尋ねたりするので、保育士が困っていたこともある。

しかも都市部の親は結婚が遅いため、保育士より年齢も学歴も上、という人が増えている。そういう親のなかには、最初から若い保育士を下に見る者もいる。最近では、スマホを見ながらお迎えにきて、画面から顔を上げず挨拶もせずに帰っていく保護者もいるという。そういったことが、図表3－3にもあったように、「業務に対する社会的評価が低い」「保護者との関係がむずかしい」といった不満につながっている。

育児しながら働ける職場づくり

それでは保育士は仕事にやりがいを感じていないのだろうか？　そうではない。東京都の調査によると、現役の保育士として働いている調査回答者8214人のうち、「保育士としての仕事全体の「やりがい」度」に対して、「大変満足」は14・7％、「満足」が32・5％、「やや満足」が26・5％と、足し合わせると、やりがいを感じている人が73・7％となっている。自由記述欄を見ると、「子どもの笑顔に元気がもらえる」「子どもの日々の成長を感じられる」「人間の基礎を育てる仕事である」といった、保育士ならではの醍醐味《だいごみ》が書かれている。つまり、さまざまな不満がありながらも、保育士としてのやりがいを感じている人が多いということであり、現在働いている人たちの就労継続の可能性を高めることが必要である。

それでは、実際に退職した人たちは何が理由だったのか。神奈川県は2014年に現役保育士・潜在保育士へ調査を実施し、保育士として働きながら退職した人に退職理由を聞いている。回答者4071人の退職の理由は、「結婚のため」が約30%、「妊娠・出産のため」が約20%、「職場の人間関係の問題」が20%弱、「勤務体制（休暇取得困難・交代勤務等）への不満」が約15%となっている。

保育士の平均勤続年数の短さから分かるように、これまでは結婚や出産による退職が多かった。その背景には、保育士自身が「自分の子どもは自分で育てたい」と考えていることもある。だが、実際に自分で子どもを産み育てることは、保護者の立場への理解も深まり、保育士としての力量を上げることになる。そもそも保育所そのものが保護者の就業継続支援のために存在するのであるから、子どものいる保育士が働き続けられない職場であるのはおかしい。ここで考えなくてはならないのは、保育士のワーク・ライフ・バランスである。

さらにこの神奈川県の調査では、現在保育士として働いていない人に対し、末子年齢別に「保育士復帰に際して不安な点」について聞いている。そうすると末子年齢が就学前児童である潜在保育士の9割近く、末子年齢が小学生の場合は約6割が「育児との両立」に不安を抱えている。子どもが中学生以上になると「育児との両立」の不安は減るが、今度はブランクが長くなり、本人の年齢も上がるからか、「体力の低下」に対する不安が強くなる。

保育所ごとの運営方針によって、保育士の働き方には大きな違いがある。ある私立保育所は朝7時半から夜8時半までの13時間保育を実施する一方で、学童保育も併設しており、小学生になった保育所卒園児も預かっている。学童保育の担当職員や園長もすべて保育士資格を持ち、職員全員が正規職員である。そこでは、「自分の子どもの予定を優先してよい。そのためにみんなで助け合う」というルールを徹底し、子どもの学校行事や病気の際には、保育士が休めるようにしている。毎月、職員会議でみなが「自分の子どもの授業参観」などの予定を出し合ってシフトを組んでいく。

また、「休みたい時に休める」環境を守るために、子育て中の保育士もほかの職員と同じように遅番のシフトに入る。その際には、保育士の共働きの配偶者が子どもを見る、つまり保育士として働くことを家族が支援する文化を醸成している。園長が保育士の配偶者に「いかに保育士が大事な仕事であるか。働き続けられるように家族も協力してほしい」と話をするのだ。

同保育所で働く男性保育士にヒアリングしたところ、「子どもが好きで保育士の仕事をしているので、自分の子どもの大事な時には見てやりたい。それがかなえられる職場で働きたい。共働きなので、重要なのは給料より時間」という。さらに園長に聞くと、正規・非正規・アルバイトなど待遇がさまざまな人がいると、チームワークができにくい。この園では全員正規で同じ勤務条件なので、みなで補い合い、助け合う風土が醸成しやすいという。ただし、決められた運営費のなかで、全員を正規職員にし、人員的にもゆとりがある職員配置にしているので、１人当たりの給与がすごくいいというわけではない。だが、自分の子育てと両立でき、共働きしやすいということで、保育士には魅力的な職場である。実際に離職率が低く、男性保育士も多い。

一般的に多くの保育所では、長い保育時間をカバーするために、パートやアルバイトの保育士を雇っている。勤務時間を短めに設定できるため、出産後にパートでの再就職を希望する保育士もいる。だが、それでも正規の職員と同じ保育士なので、親への対応や子どもの安全管理などの責任は同じようにある。結局、安い時給で満足できず、同じ時給なら責任の軽いほかの仕事のほうがいいと、辞めてしまう人もいる。

最近では人手不足のため、もはやパートでは保育士資格者の応募がない地域もある。そうした地域では、再就職を考える子持ちの保育士を対象に、「短時間正社員」の導入を始めている保育所もある。短時間勤務であっても、人が増えることで職場にゆとりができると、ほかの職員の就業継続意欲も高まる。

また、自治体によっては保育士確保のために、就労が決まっている保育士の子どもは優先的に入所させている。保育士が職場復帰しなければ、預かれるはずの子どもも預かれなくなるからだ。

研修や助言の効果

保育士の定着を考えるうえで、現役の保育士も再就職を考える潜在保育士も、保育実技や発達障害児等、特別な支援を必要とする子どもへの接し方、保護者への対応などを学びたいと考えていることを見逃してはならない。保育所が増えるにつれ、経験年数が短い保育士が増えており、そうした研修に参加できる機会を保障することが必要である。退職していた保育士が職場復帰する際には、実習も含め、体系的な研修を事前に受けられる工夫も必要だ。

今の制度では、職員が研修に出る場合、その間の保育代替要員を確保する予算も、個々の施設に入っていることになっている。だが、待機児童が多い地域の保育所は、ギリギリの人数まで子どもを預かっているうえ、代替要員を見つけるのも難しい。特に小規模の保育施設の場合は、職員が少なく、研修に出ることが難しい。

「子ども・子育て支援新制度」により、小規模の保育施設が一気に増えたのを機に、いくつかの自治体のなかには、保育指導者が保育施設を訪れ、実地研修や助言を行っているところがある。例えば西宮市では、保育士や保健師が、低年齢児を預かる小規模保育や家庭的保育に巡回指導をしている。東京都文京《ぶんきょう》区でも同じような取り組みを実施しており、若手の保育士が助言を受けて保育技量を上げ、自信を持って保育ができるようになる効果が見られているという。研修に呼び出すのではなく、実際の保育の場に指導者が訪れ、保育士たちに助言するのだ。国は２０１６年度からこの制度を取り入れ、公立保育所の退職者やソーシャルワークの専門家などが保育所を回り、経験年数の短い保育士に対し、保護者対応や保育現場でのスキルアップのための助言・指導・巡回相談を行う制度を導入している。

このように、保育士が技能と知識を身につけ、自信を持って仕事を続けることができること、そして何かあった時に相談できる先があるということが重要である。かつてのように、ベテランの職員が多い保育所に新人が入れば、そういった教育は先輩の保育士ができただろう。だが、いま都市部では新設の保育所が急増しており、それだけ、長いブランクをおいて再就職したり新しく働く保育士が増えている。しかも小規模であると保育士も少なく、先輩保育士が若手をゆっくり育てている時間がない、ということもある。施設任せにせず、積極的に行政が関わり、保育士への研修機会や現場への援助を担う必要がある。

保育士養成校と保育士試験

ここまで見てきたように、保育士の離職防止や就業継続への支援制度は少しずつ進んでいる。それでは、新規有資格者を増やすために、どのようなことが考えられているだろうか。

保育士の資格取得にはふたつの方法がある。ひとつは、国が指定した保育士養成施設である専門学校や大学などで必要単位を取得すること。もうひとつは保育士試験に合格することだ。保育士養成施設を卒業すると自動的に保育士資格が取得できることもあり、資格取得者の8割は養成校出身者で、残りが保育士試験の合格者である。養成校を出れば自動的に資格を取れてしまうこと、多くの学校で幼稚園教諭の免許も取得できることも、養成校の卒業生が必ずしも保育所に就職しない要因となっている。つまり、とりあえず資格を取っておこうという進学者も多いというわけだ（このほか、「子ども・子育て支援新制度」では、幼保連携型認定こども園には、幼稚園教諭免許と保育士資格の両方を持つ「保育教諭」の配置が求められているため、２０１９年までの特例で、幼稚園教諭は一定単位を取れば保育士資格が取得できるようになっている）。

また保育士試験は、全国保育士養成協議会が全都道府県の知事から指定試験機関として指定を受けて実施している。受験資格は徐々に緩和され、今では短大卒や大卒であれば誰でも受けられるだけでなく、62単位取得していれば大学中退でも受験可能である。さらに高卒や中卒でも一定期間、児童福祉施設で働いていれば受験できる。

保育士試験の受験者へのアンケート調査によると、すでに児童福祉関係施設で働いている人が約35%、ほかの仕事をしている人が約40%、働いていない人が約20%、学生が約5%であった。出産などで一度退職した人が、補助パートとして保育施設に再就職し、周りに勧められて試験を受けて資格を取得するようなケースもある。養成校に通えば最低2年間の時間と授業料が必要になる。資格試験は、働きながら勉強して資格を取得できる重要な機会なのだ。そこで保育士試験合格後、保育所勤務が内定した者には、受験講座などの費用の一部を補助する制度も始まっている。

これまで試験は年に1回だけだったが、2015年度には、地域限定保育士の制度が導入され、神奈川県・大阪府・沖縄県・成田《なりた》市で試験が実施された（計1万人強の受験者で、合格者は約2400人弱、合格率22％であった）。これは特区のひとつで、資格取得後3年間は当該自治体のみでの就労に限られるが、その後は全国で働けるという制度である。地域限定試験に1万人以上の受験者が集まったことや、保育士確保の必要性から、2016年度からは地域限定保育士ではなく、通常の保育士試験が年に2回、全国で実施されるようになっている。

一方、保育士試験の合格率は2014年実績で受験者約5・1万人のうち合格率は19・3％、2015年は受験者約4・6万人で合格率約22・8％と難しい試験となっている。ピアノを弾いたり絵本を読んだりといった実技試験の前に行われる筆記試験は知識偏重で、必要以上に難しいといわれている。一方で保育実習を受ける機会がないなど、試験のあり方への批判がある。

これに対して全国保育士養成協議会では、保育現場からの評価では、養成校を卒業した保育士と試験で資格を取得した保育士の資質に変わりはない、という報告書をまとめている（「保育士養成の在り方に関する研究」2016年）。保育士不足が深刻化しているなかでは、試験方式の維持は現場からも強く支持されている。養成校出身者に模擬的に資格試験を受けさせた結果、養成校出身者は必ず資格が取れるものの知識水準にバラつきがあること、試験資格の保育士は試験を通る必要があるので知識水準は保証されるものの必ずしも資格が取れるわけではなく、保育実習の経験がない点を課題に挙げている。

厚生労働省の「保育士養成課程等検討会」では、地域限定保育士の実施段階から、そもそもピアノなどの実技試験に意味はあるのか、むしろ試験保育士を即戦力にするためにも、保育実習の機会を与えたほうがいいのではないか、という意見が出されていた。そこで、2016年11月には、厚生労働省が都道府県知事の判断で、実技試験の代わりに、「保育活動の講座と保育現場での実習・見学などで計27時間の講習」でもよいという通知を出している。

また保育士養成校への入学者に対しての修学資金貸付制度も始まっている。卒業後、5年間保育士として働けば返済が免除される。このように新規保育士を増やす試行が始まっている。

保育士のキャリアパス形成

もうひとつの課題は、保育士として単に長く働き続けるだけでなく、専門性を深めていくために、目標になるキャリアパスがない、ということである。勤続年数による給与の上昇は

（現行の国基準では）10年で頭打ちになる。主任保育士や園長になれば手当がつくが、今までの制度ではそれ以外のキャリアのステップがなかった。しかし、親への支援も保育士の仕事であり、発達に課題のある子どもが増えるなど、保育士の専門性がますます求められるようになっている。

一方、保育士の技能をアップするとしても、何が求められるかの基準もなく、また技能向上と処遇がリンクしていない。保育の現場に聞いても、勤続年数が長くなれば自動的に技能が高くなるわけではないという。本人の意欲や基本的な資質、研修機会も重要である。

そこで、勤続年数が長いということのみで評価するのではなく、中堅の保育士が適切な研修を受けることで、リーダー的保育士となれるだけの技能や知識を習得するといった、技能取得とリンクしたキャリアパスを明確にするべきだという提案が出てきている。もちろん、さまざまな保育団体や行政も、保育士に研修機会を提供しているが、「これだけの技能があれば、保育士としてリーダー的役割が果たせる」という基準があるわけでもなく、研修の内容も統一されていない。体系化された「キャリアアップ研修」を設け、中堅保育士の専門性アップと技能向上の動機づけとするだけでなく、転職の際の保育士の能力の証明にすべきだ、という考え方である。さらに、いずれ技能取得とリンクしたキャリアアップと、処遇とが結びつけば、保育士の職業としての魅力も増し、働き続けたいという意欲を強め、就業継続の可能性も高まると期待される。

そこで７年程度の経験年数を経た保育士が、乳児保育・幼児教育・障害児保育・保護者支援・マネジメントなど８分野のなかから、１分野ごとに２〜３日かけた15時間の研修を受け、それらのうち４分野習得することによって、副主任保育士や専門リーダーとしての役割を果たしてもらうと同時に、処遇も月額４万円程度改善しようということが、２０１７年度の国の予算に盛り込まれている。つまり園長や主任以外の、新しいキャリアステップを専門性かつ、処遇改善とリンクさせて創設しようということである（２０１７年度は研修の要件を課さずに、処遇改善が可能とされている）。

一方、潜在保育士や保育士試験で資格を取った者向けの、就職前の体系的な研修についても検討されている。介護職員に関しては、すでに介護プロフェッショナルキャリア段位制度が２０１２年に開始され、４段階の段位が取得できるが、保育の世界にはその導入の試みが始まったばかりである。

長期的ニーズ

本章では、保育士をいかに定着させるか、そして新たに増やすか、という視点で、最近の取り組みや課題について論じてきた。現在、保育士は非常に不足している。就学前児童の保育所利用率が急速に上がっているからだが、ご存じのとおり、生まれる子どもの数は減少傾向にある。保育ニーズの量は今後も高まるだろうか。

団塊ジュニアが40代に入った現在、出産を担う主な年代である20代から30代の女性の人数そのものが減少しているため、出生率が上がっても、生まれる子どもの数が急に増えるわけではない。例えば団塊ジュニアの出生ピークの１９７３年には約２０９万人の子どもが生まれていた。その約半分の１０４万人が女性（男子のほうが多く生まれる）だとして、その人数をほかの年代と比較してみよう。２０１６年現在35歳となる１９８１年に生まれた子どもは約１５３万人なので、女性は約76万人。同じく30歳の１９８６年生まれは約１３８万人で、女性は約69万人である。このように、今後10年の間に子どもを産みそうな年齢の女性の人数はすでに分かっており、減少し続けることが確定している。

その結果、２０１６年にはついに出生人口が１００万人を切り、約98万人となった。図表３－６は０～４歳人口の将来推計である。出生率が１・39前後で推移する中位推計と、出生率が1・6程度になる高位推計のふたつを掲載したが（ちなみに2015年の出生率は1・46）、高位推計であっても2010年の約531万人から2020年には約512万人、2030年には約451万人となることが分かる。

政府は2017年度末が保育ニーズの量的ピークであると推計し、1〜2歳児の保育所利用率を48％と予想している。だが筆者は、保育ニーズのピークはもう少し高く長く続くのではないか、と考えている。OECD（経済協力開発機構）のデータをみると、末子が0〜2歳の子どもを持つ母親の就業率は、最も高いデンマークで75・8％、OECD29ヵ国平均が53・2％、日本は47・4％となっている（デンマークのみ2012年のデータ、他は14年である）。かつデンマークの12年時点での0〜2歳児の保育所利用率は67・7％である。もし、デンマーク並みにはならなくとも、母親の就業率が上がれば、当然、保育所利用率も上がり、出生数が減っていても保育のニーズ量は減らないことになる。

そうはいっても、このように子どもが減り続けるなかでは、いくら保育利用率が上がるとしても、保育のニーズ量に影響が出ることはいずれ避けられない

図表3-6　0～4歳の将来推計人口（単位：千人）

年	中位推計	高位推計
2010	5,308	5,308
2015	4,991	5,341
2020	4,370	5,119
2025	3,966	4,779
2030	3,777	4,513
2035	3,611	4,297
2040	3,407	4,120

資料）国立社会保障・人口問題研究所（2012）「日本の将来推計人口」より作成

だろう。

つまり、これから数十年にわたって一生保育士として働き続けられるかどうかは、地域によっては保証できない。一方で、保育士は貴重な福祉人材でもある。保育士として得た能力をほかの福祉の現場でも活《い》かせるように、社会福祉士や介護福祉士等の資格も兼ねるといった、福祉分野で活躍する可能性も検討する必要があるだろう。２０１５年に「まち・ひと・しごと創生本部」に厚生労働省が提出した資料においては「人材確保やサービス提供が困難な地域の増加に備え、利用者の利便性等にも勘案し、高齢者福祉、障碍《しょうがい》者福祉、児童福祉といった福祉サービスの融合を図ることが必要」と提言され、専門職種の統合・連携の可能性についても示唆している。さらに厚生労働省は福祉の縦割りをなくし、一体的に福祉サービスを提供できる「地域共生社会」を実現するとして、２０２１年度には看護師や介護福祉士、保育士の養成課程の一部共通化を目指す方針を２０１７年に明らかにしている。

保育士の将来のためには、キャリアアップの仕組みを導入するなどして、保育士の技能向上を支援し、保育士という職業そのものの魅力を高めることが必要だ。それとともに、急速な少子高齢化の進展など社会構造の変化のなかで、保育士が長くその能力を社会に活かしていける将来像を示すことも必要だろう。

第4章　「量」も「質」ものジレンマ

　これまで保活に翻弄される親や、待機児童の増加、保育士不足の現状を見てきた。待機児童を抱えている保護者からすると、とにかくどこかの保育所に入れてくれ、ということになる。例えば、認可保育所に入れるのであれば、定員を割り増ししてでも入所させてほしいと考えるだろう。だが、すでに子どもが認可保育所に入っている人にすれば、「これ以上、子どもを詰め込まないで」という考えになる。また、「保育所で働くのは、資格のある保育士だけに」と考える人もいれば、もっと気軽に子どもを預けられる場所が増えればいいと、「保育士が足りないのなら、資格がなくても子育て経験があって一定の研修を受けた人の助けを借りればいい」という保護者もいる。

今、保育現場は待機児童対策で少しでも早く保育の「量」を確保しなければならない一方で、保育の「質」をどう担保するかという板挟みに悩んでいる。

駅近か、園庭か

施設のことから考えてみよう。子どもたちにとっては、広々とした園庭があり、思いきり体を動かせる場所がいいだろう。一方、多くの親たちは「毎日の送り迎えの負担を考えると、駅近の便利なところがいい」と言う。たしかに、保育所への毎日の送り迎えは、着替えなど荷物も多く大変である。だが都市部の駅近には土地も建物も密集しており、保育所の適地や施設が見つけにくいだけでなく、もしあったとしても非常に高価だ。広い園庭のある保育所は新設できない。

昔は、認可保育所には園庭が必要だった。しかし今は、近くに公園があれば、園庭は必須ではない。そうでないと都心部では保育所が作れないからだ。「保育園を考える親の会」の調査によると、２０１６年度の認可保育所の園庭設置率は、品川区35・１%、渋谷区73・３%、新宿区50・０%などとなっている。園庭のない保育所の比率が高いということは、それだけ近年、新設の保育所を作り続けてきたことの反映でもある。

園庭のない保育所には批判も多い。先に挙げた「保育園を考える親の会」は、地方では園庭保有率が１００％であることを挙げ、「園庭の整備を強く求めたい」としている。「親の会」が作成した調査資料を見ると、首都圏でも郊外の自治体では園庭整備率が高い。つまり批判を恐れずいえば、親が「子どもには広い園庭のある保育所に入れたい」と思うのであれば、郊外に住み、そこから親が通勤するという選択肢もある、ということなのだ。だが、職場は都心部に集中している。共働きで長時間通勤では、親はヘトヘトになってしまうだろう。

結局、何もかもを手に入れるのは難しい。何を優先するか、ということなのだ。都心のマンションに住んでいるからこそ、土に触れられる園庭が欲しい、という考えも分かる。だが、若い世代が通勤に便利な都心部にますます集中するなど、さまざまな社会構造の変化を放置したまま、すべてを保育所だけで解決するのは難しいのが実情だ。

保護者や保育関係者が「子どもにもっとお金をかけるべき」というのは正論だが、保育所の開設費用のほとんどは市民の税金であり、湯水のようにお金が溢れてくるわけではない。自治体は限られた予算のなかで、保育所整備を進めなくてはならない。土地を買って（そもそも都心部では土地がないが）、ひとつの保育所に大きなお金をかけて設置するか（そうすると限られた人しかそこには通えない）、同じお金で既存の建物を改装するなどして、庭がなくても数多くの保育所を設置して、1人でも多く入所できる子を増やすか。どちらを選ぶべきなのだろうか。保育所の定員を増やすため、園庭に新たな建物を設置するようなケースもある。保育所に入りたい親には朗報だが、すでにその保育所に入っている子どもの親にすると「子どもの遊び場を奪わないで」ということになる。

建設反対運動――保育所は迷惑施設なのか

もちろん、自治体はさまざまな工夫をこらし、空き地だった公有地に保育所を設置したり、2015年から国家戦略特区では都市公園にも保育所の設置が可能になった。だが、今度はそれが近隣住民の保育所設置反対運動を引き起こすようになっている。近隣住民にとっては、自由に使える空き地や公園だったのだ。地域住民は住民で「自由に使えた場所を奪われる」と思い、保育所開設に反対する。住民にすれば、「突然の話で事前説明もない」という見方になるが、保育所を待っている親にすれば「一日でも早く素早い対応を」ということになる。

建設を反対する市民の声には多様なものがある。「保育所から覗かれてプライバシーがなくなる」「園庭の砂や落ち葉が飛んでくる」「調理室の匂いが心配」「子どもの声がうるさい」「送迎の車が路上駐車して危険」「送り迎えの親の立ち話が迷惑」「結果として地価が下がる」などである。

『朝日新聞』2016年6月12日付の記事によると、2016年4月に開園予定だった認可保育所のうち、13園が周辺住民の反対によって中止や延期となっている。また、開設するにしても、「防音壁を設置する」「外側に窓を作らない」「園庭を半地下にして、子どもの声が外に漏れないようにする」などの対応が求められるようになっている。さらに、園庭で遊ぶ時間を限るなどの工夫も必要だ。これだけ少子高齢化が進展し、待機児童問題が深刻化しているにもかかわらず、「保育所は迷惑施設」と捉える人がいるのも現実である。

あるニュースでは、保育所設置に反対する住民が「ここには高齢者が多く、保育所を利用する若い世代の人はいない。なんでほかの地域の人のために、私たちが迷惑を受けないといけないのだ」といったニュアンスのことを話していた。だが、その高齢者たちが必要とする介護施設で働く人や病院のスタッフは若い世代であり、その人たちの多くには子どもを預けられる保育所が必要なのだ。

筆者が横浜副市長を務めていた時には、私鉄の高架線路際の土地に保育所を開設したこともある。待機児童の多い地域で、市の職員が手分けして探した結果、駅に近い利用可能な土地はそこしかなく、鉄道会社が提供してくれたのだ。また、住宅密集地にもかかわらず短期間で開設できたのは、線路際だからこそ近隣からの反対がなかったことも大きい。

その後、横浜市では別の高架下にも保育所を開設している。保育関係者からは、「高架下の保育所なんてありえない」と今でも批判されている。それでは、保育所は作らないほうがよかったのだろうか。駅近にはほかに土地はないのだ。

一方、再開発ビルの低層階に、広いバルコニーを園庭にした保育所を設置したところ、上階に住む住民たちから「子どもの声がうるさい」と苦情が出るようになった。さらに園庭に物を投げ落とす人まで出たので、子どもに物が当たらないよう、運営法人がネットまで張っている。大阪府が府下の48市町村に調査したところ、既存の保育所への近隣からの苦情は、行政が把握しているものだけで、2013年度から15年度の間に261件あったという。行政まで上がらない、保育所に寄せられる地域からの苦情はもっと多いだろう。

地域住民といかに共存するか

このように、保育所への地域の理解を得ることが大きな課題となっている。今や、その地域に昔からあった保育所であっても、苦情が寄せられるようになっている。

横浜副市長当時、筆者は「必要な施設なのだから、少しぐらい反対があっても作ってもいいのではないか」と思ったことがある。だが担当の市職員から「毎日、子どもたちがそこで過ごすのです。地域の方々に理解していただかないと、子どもたちは散歩にも行けません」と言われ、地域の理解を得ることの重要さに気づかされた。

一昔前は保育所反対の声があっても、地域を取りまとめてくれる自治会の会長や、昔からの住民同士の地縁もあり、「地域に必要なら」と住民の合意も形成しやすかった。しかし今や住民のつながりもなく、「お互い様」という言葉はない。利害の対立する住民が互いに理解しあうことなく、要求とクレームを行政にぶつける時代になっている。そんななかで、保育所を新設しなければならないのだ。

保育所が地域に受け入れられ、子どもたちが地域の人々に見守られながら育つためには、①運営事業者、②設計・建築事務所、③行政、④保護者、⑤地域の人々の5者の協力が重要である。

まず求められるのは、運営事業者が地域と共存しようという姿勢を持つことである。設計・建築事務所と協力し、隣家を覗きこめる位置に窓を作らず、音が外に漏れにくい設計にするなど、建設時点でできることをしておく必要がある。また、事業者と建築事務所は、事業候補者選定から開設時期までが短すぎて、十分な説明期間が取れない、という不安を持つことがある。こうした場合、事業者と地域の間を取り持つ行政からの助言や支援が欠かせない。また、市街地に建設する場合、送迎による交通渋滞などの不安がつきものである。車がスピードを出せないように障害物を設置する、時間帯によっては一方通行にするなど、周辺の動線への配慮が必要な場合もあり、この調整は行政の仕事となる。

また、「保育所への苦情は、実は保護者への苦情である」という説もある。路上駐車をしない、地域の人には挨拶《あいさつ》する、そういった保護者のマナーが地域の人の意識を変え、保育所や子どもたちを受け入れてもらえることにつながる。

さらに、開園後も保育所から地域への働きかけが欠かせない。子どもたちが外で遊ぶ時間や行事の日程を知らせたり、地域の人々と交流を怠らないことで、保育所のことを「地域の財産」と思ってもらえるような努力である。地域のお祭りに子どもたちが参加したり、周辺道路の清掃活動に園児が参加している事例もある。

子どもたちにとって、地域の人々の見守りは欠かせない。散歩の時に地域の人から声をかけてもらうことも、子どもたちには素敵な経験なのだ。

深刻な保育士不足

これまで見てきたように、保育所の増設にあたって最も大きなネックは、保育士不足である。首都圏の都心部の自治体のなかには、財政力を背景に、昔から国基準を上回る保育士配置を実施してきた地域がある（現在、待機児童の多い地域と重なる）。国基準では、１人の保育士が保育できるのは、０歳児３人、１～２歳児６人、３歳児20人、４～５歳児は30人である（ただし３歳児を15人とした場合は国から加算補助が出る）。ところが東京23区の多くは、保育士１人が見る１歳児を５人としたり、首都圏のいくつかの自治体では４人としているところもある。また横浜市では、保育士１人当たりの人数を１歳児は４人、２歳児は５人としている。そこで国は、待機児童のいる自治体のうち、国基準を上回る保育士配置基準を採用しているところに、国基準まで子どもを入所させるように、と呼びかけた。

保育所に入りたくても入れない子どもがいることや、多くの自治体では国基準で保育していることを踏まえると、「もっと子どもを入れればいい」と考えるのも無理はない。だが、国の要請を受けて基準を緩和した自治体はなかった。自治体は、保育の質が担保できるか不安に感じたほか、受け持ち人数が少ないことが保育にゆとりを持たせ、安全確保につながり、保育士の就労継続意欲を高める大きな要因にもなると考えているからだ。ここでも質と量のジレンマがある。

一方、短期間に保育所を増やすと、それだけ新しく保育士として働く人が増える。つまり、経験の浅い保育士が増えるということでもある。誰もが最初は新人であり、経験豊かな保育士が突然生まれるわけではない。かといって、「保育士が経験を積むまで保育所新設を見送ります」ということも、現状では不可能だ。

こうした状況に対して、親の側からも、保育士自身からも「経験の浅い者だけで大丈夫か」という不安が出ている。先に見たように、東京都の保育士の求人倍率は5倍を超えている。保育士がそろわないことには保育所を開設できず、子どもを預かることもできない。第3章で見たように、自治体同士の保育士の取り合いが始まっており、保育士養成校には求人が殺到している。今は、採用の際に「大丈夫かな?」と思うような人でも採用せざるをえない状況だという。

経験の浅い保育士が激増

それでは、現在の保育士の経験年数をデータから見ておこう。

図表4－1には「平成27年社会福祉施設等調査」から2015年10月時点の保育士の経験

図表4－1 保育所等の保育士の経験年数の分布（2015年10月1日）

	2年未満	2年以上 6年未満	6年以上 10年未満	10年以上 14年未満	14年以上	不詳	人数計
総数	12.4%	19.4%	13.7%	9.9%	23.3%	21.2%	342,926
公営	8.6%	15.8%	11.8%	9.6%	33.5%	20.7%	113,581
私営	14.3%	21.3%	14.7%	10.0%	18.3%	21.4%	229,345

資料）厚生労働省「平成27年社会福祉施設等調査」より作成。保育所と幼保連携型・保育所型認定こども園等の保育士有資格者を筆者集計。施設長と小規模保育は含まない

年数をまとめた。ここでの保育士は保育所だけでなく、各種の認定こども園で働く保育士も入っており、約34万人の常勤保育士の経験年数別の人数と比率の分布を掲載してある。これを見ると、経験年数2年未満が1割を超え、経験年数6年未満の保育士が全体の3割を超えている（経験年数が不詳の者も2割強いるので、実際にはもっと多いかもしれない）。また図表4－2は2014年10月から15年にかけての1年間の採用人数と退職者数をまとめたものであるが、34万人の保育士全体のうち、過去1年の間に採用された人は約4・4万人である。つまり、新規採用者が1割以上を占めていることが分かる。

こうした傾向がよりはっきり分かるのは、保育所の増設が急ピッチで進んでいる東京都の調査である。2014年に東京都が実施した保育士実態調査によると、（パートタイマーなども含む）保育士全体では経験1年以下が21・7%、2～3年が27・2%、4～5年が20・8%と、保育士の経験年数5年以下が約70%を占め

図表４－２　2015年の保育士の採用人数と退職者人数

	保育士人数	採用者数	新規採用者比率	退職者数
全国	343,280	43,997	12.8%	30,446
公営	113,581	9,841	8.7%	7,521
私営	229,345	34,156	14.9%	22,925

資料）厚生労働省「平成27年社会福祉施設等調査」より作成。保育所と幼保連携型・保育所型認定こども園等の保育士採用者・退職者を筆者集計
注）この調査は2014年10月１日から2015年９月30日までの１年間の状況を調べたものである

ている。また、パートタイマーとして子育て後に復帰した40代が多いことを反映し、パートタイムの保育士のほうが経験年数が長くなっている。このように経験の浅い保育士が増加しているなかで、どうやって保育の質を保つかが現場の課題である。

東京都の「指導検査報告書」を見ると、「保育士を適正に配置すること」として指導された保育所は、２０１３年度には10件だったが、14年度、15年度はともに27件となっている。また、ある新設の認可保育所では新人が半数を占め、保育状況に問題があると保護者から苦情が出た。こういった問題に対処するには、第3章で述べたように、市町村による現場への支援を充実させ、早期に保育技能や知識がつくよう保育士を援助するとともに、保育士が長く働いて経験を積めるようにすることが重要だ。

しかし、状況は深刻である。千葉県松戸《まつど》市では、補助要員としてパートの保育士資格者を雇えず、２０１５年度は資格のない人たちを雇って、市立保育所に配置したという（『読売

新聞』2015年12月5日付)。このように、保育士資格者が確保できず、無資格者に保育現場の補助者として働いてもらう動きが進んでいる。

保育ができるのは保育士だけか

日本総合研究所で子育ての研究をしている池本美香は、保育士資格者のみにこだわらず、保育士に代わるほかの専門性を持つ者、例えば小学校教員免許や児童心理学の修士号保持者なども保育に従事できるようにしたほうが、(広義の)保育者が確保しやすくなるだけでなく、異なる専門性を持つ者が保育に加わることによって、複雑化する子どもや家庭のニーズに対応しやすくなるのではないか、と述べている。

例えば、東京都の認証保育所は保育士配置基準が60%以上であり、全員が資格者である必要はない。また、第1章で取り上げたように、待機児童を減らすため、0~2歳の低年齢児の保育の受け入れ先として、小規模保育や家庭的保育など、さまざまな保育事業が展開されている。これらの事業のなかでも小規模なものは、保育士資格者が人員の半分でよかったり、保育士でなくても、市町村の研修を受けた者や市町村が保育士と同等以上の経験と見なす者が保育できることになっている(ただし認可保育所は保育士資格者以外、保育には当たれない)。

さらに、これまでは看護師や保健師を、1人だけ保育士の人員として換算できたが、2016年度以降は、幼稚園教諭・小学校教諭・養護教諭も保育士と同等の資格者として働けるようになった。ただし、人員全体の3分の1を超えてはならず、3歳以上の子どもの保育に当たること、保育の質の確保のために必要な研修を受けることとなっている。

また、これまで認可保育所は、どんなに子どもが少ない時間帯でも、保育士資格者を2名配置しなければならなかった。だが保育現場の人手不足への対応や、保育士への負担軽減を図るため、2016年度以降、朝夕の子どもの数が少ない時間帯は保育士が1人いれば、もう1人は資格がない者でもよくなった。

規制緩和はほかにもある。保育所は11時間開所が標準だが、保育士の基本労働時間は8時間であるため、子どもの数から算出される保育士の最低基準人数より、実際には多くの保育者が必要になる。長時間の保育をカバーする追加の保育者や、保育士が研修に行く際の代替要員も、保育士以外の人でよくなった。もちろん、誰でもよいというわけではなく、十分な業務経験のある人や一定の研修を受けた人が求められている。

こうした変化に対して、不安を訴える保育関係者もいれば、一方で「今の状態では、保育士の負担を軽くするためにも、保育士要件の緩和は致し方ない」という意見もある。

子育て支援員

現在、研修内容を担保することにより、これらの受講者を「子育て支援員」として、保育だけでなく、さまざまな子育て支援の現場で活躍してもらおうという制度が始まっている。

例えば、保育者の自宅で2～3人の子どもを預かる家庭的保育（一般的に「保育ママ」と呼ばれてきた制度）は長い歴史を持つ制度で、自治体によっては、一定の条件を満たせば保育士資格者以外でも可能であった。「家庭的な環境で育てられる」のが魅力だと、低年齢児の間はむしろ家庭的保育を選ぶ人もいる。ただ、その条件や研修のレベルが自治体によって異なっており、保育者の質のばらつきが課題であった。そこで、家庭的保育の保育者や補助者に一定の研修が必要だとの声があった。

一方、近年、共働き家庭が増えるなかで、地域の人が子どもを預かるファミリーサポートセンター事業や学童保育（「放課後児童クラブ」といわれ、授業終了後の放課後、小学生の子どもを預かる事業）の役割が大きくなっており、子育てを支援する人材がますます必要になっている。さらに、専業主婦の家庭でも母親の子育て知識が不十分であったり、少子化により子育て仲間がいない「子育ての孤立化」が課題になっており、地域による子育て支援が求められるようになった。このほか、児童養護施設などでも人材が求められており、圧倒的に人手不足なのだ。また、有資格の保育士や職員にとっても、補助的業務を行う人が入れば、現場にゆとりができ、働きやすくなるのでは、という考え方も出てきた。そのため、体系化された研修を受けた人たちに「子育て支援員」としてさまざまな現場で活躍してもらおうということになったのである。

子育て支援員は基本研修を受けた後、小規模保育や家庭的保育・事業所内保育所などで働く「地域保育コース」、学童保育で働く「放課後児童クラブコース」、児童養護施設で働く「社会的養護コース」などに分かれて、さらに専門分野別の研修を受ける。こうした子育て支援員に、先に挙げた朝晩の子どもが少ない時の認可保育所の保育補助者や小規模保育での保育者として働いてもらおうというのだ。

幼稚園教諭や小学校教諭・養護教員免許保持者を保育士と同等の資格者と見なすことや、子育て支援員を保育現場に入れることには賛否両論ある。先に紹介したように、ほかの専門的な資格者も保育現場に入ったほうがよいという意見もあれば、保育の専門性がないがしろにされる、質が下がるという反対意見もある。ほかの専門資格保持者も保育士として働けるのであれば、保育士の専門性とは何かが問われる。ほかの専門資格者になく、保育士資格者にあるものは何か。その逆は何か。保育に求められるものは何か。そうした真剣な考察が、保育の質をどう高めるかという議論につながれば、より良い保育を生み出せる可能性がある。

また、子育て支援員を活かすためには、運営側の考え方が重要だ。子育て支援員を補助に入れることで保育士が研修に参加できたり、行事の用意や部屋の片づけ、保育日誌の作成などを手伝ってもらえれば、保育士が子どもの保育により集中できる。さらに、子育て支援員のなかから保育士資格取得を目指す人が出れば、人材確保の有効な手段にもなりうるだろう。

保育事故

保育の質をどう担保するかが議論されるなかで、保育における事故防止が大きな課題として浮上してきている。これまで見てきたように、「子ども・子育て支援新制度」の導入によって、多様な保育施設が増えることになった。そこで、2015年度から保育の現場での重大事故の再発防止の仕組みづくりが強化されている。

実はこれまで、保育の現場での事故については体系的に情報が集められておらず、再発防止に活かされていなかった。個々の保育所や保育団体の研修会などでは事故防止やリスク管理の研修はあったが、国全体での取り組みではなく、施設や自治体によって取り組みへの温

図表４－３　2015年の保育施設等における事故の件数

負傷等		385
	意識不明	6
	骨折	302
	火傷	2
	その他	75
死亡		14
総数		399

資料）内閣府（2016）「教育・保育施設等における事故報告集計」より作成
注１）認定子ども園、幼稚園、保育所等での事故件数である
注２）意識不明は、事故に遭った際に意識不明になったもの。その後、回復したものを含む

度差が大きかった。

児童福祉施設において事故防止に取り組み、さらに事故の報告をするよう、国からの通知が確認できるのは、１９６６年が最初である。だが実際に厚生労働省が事故件数の公表を始めたのは２００４年からであり、10年に国は認可や認可外保育施設での事故報告についての事故報告様式を定め、13年に事故防止の徹底をあらためて求めるようになった。

「子ども・子育て支援新制度」が始まった２０１５年度以降は、保育施設側に、重大事故の際には自治体に報告することを義務づけることになった。また自治体はそれを国に報告しなければならない。同年からは、自治体からの報告をもとに内閣府で保育事故のデータベースが作成されている。データベースに掲載されている２０１５年の事故について図表４－３にまとめた。国への報告対象となっている事故は、死亡や治療に要する期間が30日以上の負傷や疾病を伴う重篤な事故だけである（一部は軽いケガも報告されている）。

２０１５年に報告された保育所等での事故は３９９件で、そのうち最も多いものが骨折の

302件である。データベースの報告を見ると、遊んでいてこけたり、子ども同士でぶつかったり、ブランコから落ちたりと、ちょっとしたことで骨折しているケースが見られる。さらに残念なことに死亡事故も14件起きている。

注意すべき睡眠、水遊び、食事

保育所において特に注意しないといけないのは、①睡眠、②水遊び、③食事の時である。睡眠時のうつぶせ寝は窒息につながるリスクがある。特に乳児のお昼寝の時は、仰向《あおむ》けに寝かせるように体位交換をし、頻繁に呼吸チェックをすることが欠かせなくなっている（消費者庁の発表によると、家庭では大人用の寝具に埋もれての窒息など、2014年までの5年間に睡眠時に160人の0歳児が死亡している）。子どものお昼寝の最中も保育士は気が休まらないのだ。また水遊びの時の監視も必須だ。浅い水でも小さな子はちょっとしたことでおぼれる。大人がお風呂に入れている時に、子どもが湯船でひっくり返ることもある。

さらに食事もアレルギー・窒息などさまざまなリスクがある。東京慈恵会《じけいかい》医科大の研究班の2015年調査によると（「保育所入所児童のアレルギー疾患罹患《りかん》状況と保育所におけるアレルギー対策に関する実態調査」調査報告書、平成28年3月）、保育所の約80％にはアレルギー児がおり、1歳児クラスでは子どもの約7%にアレルギーがある。保育所では子どものアレルギーに合わせて除去食を何種類も作る。卵・牛乳・ナッツ・小麦粉・そば、など子どもによって、アレルギー源はさまざまだ。そこで、除去食に合わせて食器の色を変えたり、声を出して確認したりしても、間違って配膳したり、アレルギーのある子どもがほかの子どもの食べ物を口にしたりすることがある。

この調査によると誤配・誤食などのミスは調査回答の約4000の保育所のうち約30%の保育所で起こっているという。約1700人の子どもにアレルギー症状が出て、うち13人は入院にまで至っている。最近では子どもがアナフィラキシーショックを起こした時は、保育士はエピペンの注射を打つ訓練もしている。

このような背景もあり、千歳《ちとせ》市では2013年から「なかよし給食」といって、アレルギー食材を除去した給食やおやつを統一メニューとして、すべての子どもに配食している（牛乳・卵・ピーナッツ・そばなどを材料として使わない）。これによって配膳ミスも、アレルギーの子どもがうっかりほかの子どもの食事を食べることもなくなった。しかし、子ども自身が「自分は、この食材を食べてはいけない」ということを理解することも必要だ。そこで、週に1回は、牛乳は牛乳（混ぜたりしない）のまま、卵も卵と分かる形で提供し、アレルギー児には「これは食べられない」と教えている。それほど保育所の現場は食事ひとつを取っても、試行錯誤し悩んでいる。

さらに保育のリスク管理の専門家に聞くと、例えば食べ物をのどに詰まらせるようなことは頻繁にあるのではないか、という。どんな食べ物でも、慌てて食べたり、水分が十分でなかったりすると、のどに詰まるリスクはある。「のどに詰まらせたが、背中をたたいたら、口から出た」ので幸い事故に至らなかったようなケースはあるだろう、というのだ。食事の最中に子どもを泣かしたり、驚かすのは厳禁である。

食べ物を小さく切り刻んで与えれば、のどに詰まらないかもしれないが、一方でかみ砕いたり、咀嚼《そしゃく》することによる味わいを楽しんだり、あごの力をつけることの妨げになる。固いものもかみ砕く咀嚼力をつけることが、食べ物を安全に食べることにつながる。保育現場は安全管理と子どもに生きる力をつける、という両方の要求に応える難しい役割を担っている。子どもにとっては楽しい食事の時間も、油断することなく保育士が子どもの様子を見守ることは必須だ。落ち着いて食べていると思っても、子ども同士で揉《も》めだしたり、突発的なことが起こる可能性があるからだ。例えば具合が悪く、吐いた子どもの世話をしている最中に、ほかの子どもが食べ物をのどに詰まらせる、などということもありうる。常に全体に目

図表4－4　保育所での死亡事故件数（2004～15年）

0歳			1歳			2歳			3歳		
認可	認可外	合計	認可	認可外	合計	認可	認可外	合計	認可	認可外	合計
7	83	90	23	29	52	10	5	15	4	2	6

4歳			5歳			6歳			合計		
認可	認可外	合計	認可	認可外	合計	認可	認可外	合計	認可	認可外	合計
5	1	6	3	2	5	3	0	3	55	122	177

資料）厚生労働省と内閣府資料より筆者作成
注）2015年から認可には小規模保育や地方単独保育施設も入っている

配りすることが求められるのだ。

家での食事を思い出してほしい。親が「早く食べなさい」と子どもを叱って泣かしたり、せかすことはしょっちゅうである。何人もの子どもを見守る保育士の負担はどれほどだろう。

認可外に多い死亡事故

先に死亡事故について少しふれたが、どの程度起こっているのだろうか。

図表4－4には2004年から15年までの認可・認可外での死亡事故件数をまとめてある。12年間に177件の死亡事故が起こっているが、事故は0～1歳児で多く、また認可より認可外保育所で多く起こっていることが分かる。例えば0歳児の死亡事故90件のうち、83件は認可外保育所で起こっている。

事故のリスクが高いのは、認可保育所より認可外保育所である。小児科医の田中哲郎は厚生労働省が発表している保育所の事故報告をもとに、園児10万人当たりの死亡事故数を計算している。それによると、認可保育所では0歳児10万人当たり0・58人だが、認可外保育所では32・58人であるという。認可外保育所には基本的に公費援助が入っておらず、保育者や施設面でも認可保育所の基準を下回っている場合が多いことが要因といわざるをえないだろう。

また、これまで死亡事故の要因の検証は不十分だった。２００８年からの5年間の死亡事故62件のうち、第三者委員会が設置され、事故要因の検証がされたのは4件程度とされている（『読売新聞』２０１３年10月27日付）。事故の要因が分かれば、再発防止に活かすことができる。そこで、政府の検討会は死亡事故及び意識不明など自治体が必要と判断した重大事故に関しては、外部の委員で構成する検証委員会を立ち上げるよう求めることとした。そこで16年4月より重大事故の検証制度が導入されている。それを受けて重大事故防止や事故発生時の対応についての、自治体・事業者向けの事故防止のためのガイドラインも公表された。

だが残念ながら２０１６年度も保育所において重大事故は発生し、大阪市や東京都での認可外保育所における死亡事故の検証が実施され、17年3月には、東京都の事故検証報告書が出されている。

事故防止に必要なこと

筆者が事故防止のために必要だと考えるのは、①現場での保育士の育成や、ゆとりある就労環境の実現、②保護者の理解・協力、③自治体の適切な監査・指導・現場への援助、である。

筆者は、内閣府に設置された重大事故の再発防止を考える会議に委員として参加しているが、さまざまな課題が出され、悩んでいる。何か事故が起こるたびに、国からは「プール活動・水遊びの事故防止」「感染症対策ガイドライン」「食事の提供ガイドライン」「アレルギー対応ガイドライン」といった事細かな通知が出されてきた。しかし、情報量が多すぎる。たしかに、安全管理のために絶対しなくてはならないことはある。だが一方で、あまりにも事細かく列挙すると、現場で情報を消化できない。その結果、保育士が消耗し、かえって現場をつぶすのではないか、という恐れも感じている。現場の保育士が簡単にチェックできるリストのようなものが必要である。

もちろん、保育士として事故のない安全な保育を行うことは最低限の職務である。だが、保育における事故のリスクを強調しすぎると、保育士として働くことを忌避する人を増やしてしまう。先に見たように「責任の重さ」「事故の恐れ」が、潜在保育士が保育士として働かない、大きな要因のひとつである。最近では、0歳児保育の担任になると、責任感とプレッシャーから眠ることができなくなる保育士までいるという。

懲罰的な姿勢で臨んでは、保育現場を萎縮させる。むしろ保育士が技能を高め、自信を持って生き生きと働けるように支援することが、事故を防止し、子どもたちの豊かな育ちにつながる、という考えが会議の方向性になっている。保育士が適切な研修や指導を受け、保育技能を身につけ、常に学び続けられる環境にいること、子どもに十分手をかけられるようにゆとりを持って保育に従事できるようにすること、保育の楽しさを感じられること、職員同士が連携し、「おかしいな」「危ない」と思ったことはすぐに指摘できること、といった職場の環境づくりが重要である。

そこで重要な役割を果たすのは、運営法人や施設長の姿勢である。法人や施設長はハード面のチェックも含め、保育士への指導や「ヒヤリ・ハット」の共有など、職員同士の学びあいや研修の機会を十分に確保することが求められる。

施設長が率先して、常に声かけを行い、保育士同士が情報交換できるようにし、現場の保育環境へ目配りをすることが必要だ。また、保育時間が長くなるなか、人手不足を放置していては、保育士が疑問に思ったことを口に出したり、相談することができない環境に陥る。

そのようななかで、「保育士の負担を軽くし、目の前の子どもの保育に専念できるように、保育士資格者以外の補助者を入れたほうがいいのでは」という考えも出てきているのだ。

意外と思われるかもしれないが、認可保育所の施設長（園長）に保育士資格は必要ない。公立保育所によっては、人事異動でまったく保育分野とは違う部門の出身者が園長になる場合もある。社会福祉法人のなかにも、例えば法人理事長の親族だというだけで園長になる人もいる。

施設長には、施設全体をマネジメントし、保育士の労働環境を把握することなどが求められるので、いくら経験があっても、すべての保育士が施設長に向いているとは限らない。他職種からの転職組でも、組織マネジメントに長《た》けており、保育士のやる気を引き出し、上手に保育所運営をしている人もいる。実際に、保育所が増え、保育士だけでなく、施設長として保育所を運営する人も不足しているため、小学校の校長や会社員などからの転職者もいる。

新任施設長が実力を発揮するためには、保育所において施設長の果たすべき役割とは何か、保育において大切なものは何かを理解してもらうことが必要だ。保育団体によって、新任施設長への集中研修会なども全国的に開催されているが、研修参加を施設長に義務づけるかどうかは、自治体の考え方によっている。しかし、保育所の質や安全の確保のためにも、施設長の研修・啓蒙は欠かせない。

保護者が理解すべきこと

また、保育の安全を確保するためには、保護者の理解も重要である。保護者も、より良い保育環境を作る当事者なのだ。

保護者のなかには「小さなケガも許さない」という人もおり、それを防ぐことに保育士が神経をすり減らすと、かえって大きな事故につながるのではないか、との危惧が出ている。最近の都会の保育所では、ちょっとした打ち身や擦り傷などでも通院して診断書を取るという。一昔前は、小さな擦り傷や打ち身は「自分たちの子ども時代もそうだった」と寛容な親もいたが、最近は親自身が都会育ちで、木登りやどろんこ遊び、冒険遊びなどをした経験がなく、自分の子どもかわいさゆえに許せないのだ。

また、小さな子どもが集団保育に入ると、最初は頻繁に感染症にかかる。そうやって免疫力をつけて、4歳ぐらいになると驚くほど丈夫になるが、それまでは子どもがしょっちゅう熱を出すのは避けられない。だが、仕事を休めないために、体調の悪い子を保育所に預けようとする親もいる。通園直前に冷却材で腋《わき》の下を冷やして一時的に熱を低くしたり（登園時に熱を計るからだ）、感染症の通園禁止期間に子どもを通わせて、ほかの子どもに病気をうつしたり、ということもある。そうした体調の悪い子を預かることも、保育現場に大きな負担となる。しかも、結局子どもの回復も遅くなってしまう。

保育所ではもちろん、入所前の説明会でそうした基本的なルールを説明しているが、なかなか伝わらない。個々の保育所だけでなく、自治体側で保護者向けの説明会を行い、保育所入所の注意点だけでなく、「育ちのなかで、子ども同士でのおもちゃの取り合いや喧嘩もあること」「思いきり遊べば、小さなケガもあること」「子どもは病気をすること」といった子どもの育ちについても説明し、保護者に理解してもらうことが必要ではないだろうか。本来は保育所がそうした機能を果たさなければならないのだが、「保育所が言い訳している」と受けとる親もいるからだ。保育所以外からも、保育と子どもの育ちについて親に理解してもらうためのさまざまなアプローチが必要だと思う。

在宅で育児をする親子に子育て支援を行う「つどいの広場」（親子が自由に訪れて遊んで友達を作ったり、子育ての相談ができる場所で、働いている親も育児休業中に通って、地域の子育ての情報などを手に入れたりする）を運営するスタッフに、筆者は「保育所入所を前にした育児休業中の親に、そうしたことを理解してもらうための機会を持てないか？」と聞いてみた。

だが、保護者と人間関係ができ、子どもの育ちや子育てに関していろんなことを伝えたいと思ったころには保活が始まり、急いで職場復帰してしまうという。

厳しい保活事情が、親がゆっくりと育児休業を楽しみ、地域での人間関係を作り、子どもの成長とともにさまざまな経験をし、子どもの育ちについて学ぶチャンスを奪っているのかもしれない。

自治体の検査と研修

だが、保護者の側ばかりに問題があるのではなく、新設の保育所が急増するなかで、保護者が不安を覚えるような保育所があることも事実だ。「子ども・子育て支援新制度」では、これまで行われてきた通常の監査に加え、新たに「確認指導監査」という項目が付け加えられた。認可保育事業には市町村から運営費が入るようになった。そこで、市町村は地域の保育事業の計画を立てるだけでなく、保育の運営内容の「確認」という責任が定められたのである。つまり、この「確認」というのは、さまざまな保育事業が適切に実施されているか、質が担保されているかをチェックしたり、指導することである。

一方、これまでどおり、児童福祉法に基づいて認可基準に適合しているかどうかの施設監査も実施されるが、これは基本的に県（政令指定都市・中核市）の権限となっている。さらに、緊急の際にはこれらの自治体が事前告知なしに立ち入ることができる（通常の監査は事前に告知する。そうでないと資料もそろわないため精査できず、現場も混乱するからだ）。簡単にいえば監査はハード面、確認は保育内容などのソフト面を見る、ともいえる。また認可外保育所の監査・指導も市町村ではなく、県（政令指定都市・中核市）の責任である。ただし、地域型保育事業の監査は市町村が行う。

栃木県宇都宮《うつのみや》市では、2014年に認可外保育所で乳児の死亡事故があった。実は当該施設に関して、「不適切な保育がされている。子どもが虐待されている」という通報があったにもかかわらず、市は事前告知してから立ち入り検査に入ったので、本当の状況が見抜けなかったのだ。その反省から宇都宮市では現在、虐待などの疑いの通報があれば、事前告知なしにすぐに立ち入り検査するようにしている。

さいたま市でも2011年にお昼寝時の事故が発生した後、12年からは認可外の保育施設のお昼寝時間に抜き打ちで検査に入るようにしている。このようにさまざまな指導を繰り返しても保育状況が改善されない場合は、行政は施設に閉鎖命令も出せる。だが、ある自治体が保育者のそろわない認可外保育所に閉鎖命令を出そうとしたところ、保護者たちから「閉鎖されたら困る。子どもたちを預ける場所が必要だ」と責められた。そのため、全員の新たな受け入れ施設を探すことで、実際に閉鎖するまで一ヵ月以上かかったことがあるという。

厳しい姿勢での指導や立ち入り検査も必要だが、それだけでは保育の質は上がらない。何度もいうように、保育士が力をつけるための支援が必要である。例えば、自治体が施設長や保育士の経験年数に合わせた研修を実施したり、適切な外部の研修に参加することを求めたり、現場のレベルを上げるため、新設保育所に積極的に関わることも必要だ。千歳市では、市の保育士が小規模保育所への巡回指導を実施している。最初は「監査でもないのに何の権限で、何をしに来るのか？」と警戒されたというが、今では定着し、第3章で述べたように２０１６年度より厚生労働省も「若手保育士や保育事業者への巡回支援事業」を予算化している。

行政は、保育士の研修などをどれくらい重視しているのだろうか。筆者もメンバーであった研究会では、事故防止のガイドラインを作成するにあたり、２０１５年10月に自治体への調査を実施した。調査の目的は、「自治体には事故予防のガイドラインや事故発生の際の対応マニュアルはあるか？」「保育現場の巡回指導や研修機会を提供しているか」といったことを知るためである。調査対象は都道府県、政令指定都市、特例市、特別区など１７４自治体で、126ヵ所から回答が得られた。

回答結果を見ると、行政として事故予防のガイドラインがあるのは16・7%、事故の対応マニュアルがあるのは27%にすぎなかった。保育所の事故予防の研修会を主催しているのは40%、講師派遣や費用助成を行っているのが7・3%で、何もしていないのが約35%であった。また、研修を実施もしくは支援している自治体に、対象施設について聞くと、認可保育所はほとんどの自治体が対象としていたが、事故の多い認可外は約55%にとどまった。

現場への運営指導や援助

また、この調査では、法律上必ず入らないといけない監査以外で保育施設に出向き、巡回指導などを実施しているか、という質問も行っている。認可18・3%、認可外15・9%、地域型保育27・5%と、いずれをとっても監査以外に巡回指導に入っている自治体は少数派である。

保育施設が急増するなかで、監査に入るにも人手や時間がかかり、それに加えて巡回指導に入るのは並大抵のことではない。横浜市に聞いたところ、まず施設の監査にはどんなに短くても半日、通常は1日かかるという。会計といったお金の面と保育内容を見るため、保育の専門家の同行が必須であり、事務職員と保育士・栄養士など3〜4人で1チームを組んで入る。また、運営に課題があり、継続的に運営へのアドバイスや支援が必要な新規施設などに運営指導に入る場合は、2〜3人でチームを組むという。

2016年4月時点で横浜市内には認可保育所が680ヵ所、小規模保育など地域型保育が163ヵ所、横浜市独自の横浜保育室は102ヵ所、その他の認可外保育所が276ヵ所ある。合わせて1200ヵ所を超える。これだけの施設に監査に入り、かつ運営指導に入るには、相当の人員が必要となる。保育士不足に注目が集まるが、行政の保育に関わる間接部門の人員も足りていない。

保育の質を守るためには、保育の現場だけでなく、保育所への監査や運営指導や援助を実施するための自治体側の職員も必要になる。待機児童対策のために保育所を新設するためにも、できた後にその保育所をフォローするためにも人が必要になるのである。例えば横浜市では、直接保育所に関わる課だけを見ても、待機児童対策は「保育対策課」、保育所等整備・改修、保育所の設置認可等は「こども施設整備課」、保育施設の運営支援・質向上は「保育・教育運営課」、保育の人材育成や研修は「保育・教育人材課」と4つもある。

監査や運営指導の際には、こども青少年局と各区の保育担当の職員と一緒に行くことになっている。何かというと公務員を減らせ、という話になるが、一方で、事故や問題が起こった時には、「行政がもっとチェックすべきだ」という意見が出る。人員の裏づけがなければ、現場のサポートも十分にはできない。

『朝日新聞』では2014年の各自治体の認可外保育所への立ち入り調査の状況をまとめている（2016年12月5日付）。監査や調査は公費で運営費を入れている認可保育所が優先され、認可外保育施設は後回しになりやすい。だが、これまで見てきたように認可外のほうが事故のリスクが高い。

認可外保育施設への立ち入り調査の実施状況だが、大阪市や名古屋市は100％。横浜市は97％、埼玉県では95％であった。埼玉県が高いのは「地元のほうが実態がよく分かる」と認可外保育所の調査権限を市町村に移譲しているからである。一方で、神奈川県は41％、兵庫県は30％、東京都は13％の実施率である。

2014年に東京都では、認証保育所以外の認可外保育施設1053ヵ所のうち、140ヵ所しか立ち入り調査に入れなかった。東京都内の認可外保育施設の立ち入り調査は、東京都が担うことになっている（調査には市区町村の職員が同行する）。都の保育所の監査・立ち入り調査する課には18人しか職員がおらず、そこで認可・認可外をまとめて監査・調査するため、対象施設は約３８００ヵ所となる。そのため東京都はこれまで認可外の場合は、苦情や通報のあった場合に、立ち入り調査を実施していた。筆者は、都が認可や認可外の監査や立ち入り調査の権限を、埼玉県のように区や市に移譲するべきではないかと思う。東京都内では八王子《はちおうじ》市だけが中核市なので、保育所への監査権限や立ち入り調査権を持っている。それ以外の市区町村の保育所は東京都が監査や立ち入り調査権限を持っているのだが、東京都のような規模で、都だけがすべてを担うのは困難だと思われる。

都では２０１６年３月に認可外保育施設で死亡事故が2件起こったことをきっかけに、対策を強化することにしている。17年度からは、対象１７００ヵ所に上るすべての認可外保育施設に職員が毎年1回は訪れ、巡回指導するだけでなく、必要に応じて抜き打ち検査もするという。そのため今後は非常勤職員などを20人新たに雇用する予定である。

２０１７年3月には、姫路市の認定こども園が、基準よりずっと多い子どもたちを預かり、食事を十分与えていなかったという問題が発覚した。これも県と市の抜き打ち検査で分かったものだ。保育の質の担保には、そうした行政による現場のチェックサポートも欠かせないのである。

保育バウチャーは解決策になるか

本章の最後に、待機児童問題の解決策として、日本の中で1990年代から出ては消えている「保育バウチャー」という考え方を取り上げよう。

「バウチャー」とは、特定のサービスを購入できるチケット（券）・クーポンのことで、国や自治体が利用者に配る。米国の経済学者であるミルトン・フリードマンが1955年に、学校を自由に選択できる制度として「授業料クーポン制」を唱えたのが最初である。保育の場合は、利用者がバウチャーを使って自由に保育所を選ぶことになる。行政が認可した保育所にのみ補助金を渡すのではなく、利用者を通して保育所に補助金を入れる方式である。

これによって、①行政が参入をコントロールしないため、新規参入が増え、保育所不足が解消する、②保育料が自由化されることで、保育事業者にビジネスチャンスが広がり、親の選択肢も広がる、③親は質の悪い保育所を選ばないため、問題のある保育所はいずれ淘汰《とうた》され、良い保育所だけが残る、というわけで、量と質の問題が解決するという。

「保育バウチャー」は本当に保育所不足を解消し、その質を保証するだろうか？

1996年に、イギリスのメージャー政権が保育所不足と高額な保育料の解消を目指して、ロンドン近郊の4つの町で実験的に、4歳児を対象にバウチャーを配ったことがある。このバウチャーをもとに、親は政府が認可した公私立の保育所やベビーシッターの中から利用サービスを選んだ。だが、安定した収入の見通しが立たないため、参入する保育所は増えず、一方で特定の施設に人気が集中したり、低所得者がバウチャーでは足りない部分の追加保育料を支払えない、という事態が起こった。つまり、期待された保育の量は増えず、親には選択の余地がないため、質の改善にも結びつかず、保育料も安くならなかった。

これに対して、続くブレア政権はバウチャー制度を廃止し、１９９８年には行政主導の「全国保育戦略プラン」を立てた。政府が宝くじの収益金などを事業者に投入することで、保育所運営が安定し、保育の定員が拡大された。また質の確保を目指して、行政による定期的な指導・監査を実施した。その後、就学前保育と教育のカリキュラムの整備が進み、保育士や事業者への研修も展開されたことで、全国的な保育水準が上昇したといわれている。

イギリスの例からは、バウチャー制度によって市場メカニズムに任せるよりも、保育の量と質を確保するためには、政府の積極的な投資と共に保育カリキュラムの策定や保育士の研修等への関与が効果的だといえる。

ＯＥＣＤの保育白書では、各国の保育への公費提供の方式と保育の状況を比較し、「施設側に補助金を出す」方式と「親に補助金を出す（つまり保育バウチャー）」のそれぞれのメリット・デメリットを検討している。

まず、親に補助金を出す仕組みについて見てみよう。白書によると、「「保育バウチャー！」という形で親への直接補助を行うことは、柔軟な保育サービスを提供する商業ベースの保育を増やし、公費の節約にもつながるため、政府にとって魅力的である」という。だがデメリットもある。

ひとつには親の支払う保育料は、必ずしも安くならないことだ。多くの場合、保育バウチャーがまかなう保育費用は基本部分にとどまり、事業者はそれに加算してさまざまな付加サービスを提供することによって事業利益をあげる。例えば英会話や水泳、リトミックといったプログラムである。そのため、しばしば中間所得層にとっては、保育費用の負担が増大するという。

また量の点であるが、自由に参入させると、事業者は貧しい地域に保育所を設置しない。なぜなら付加サービスで収益を上げるのが難しいからだ。結局、低所得者層に手厚いバウチャーを出したとしても、低所得者層に利用できる保育は増えないという。しかも、それなりの設備を整えた保育施設を増やすには、バウチャーだけでは難しく、事業者に施設整備の補助が必要である。

質の点でも、保育では日用品の購入のような市場メカニズムが働かないという。そもそも親子が通える範囲の保育所は限られている。親は質の悪い保育所を選ばない、というが、淘汰されるためには、親子が通える範囲にニーズを上回る保育の量があることが前提である。また、保育の質が良いかどうかが分かるまでは時間がかかり（情報の非対称性がある）、質の悪い保育を受けた子どもの時間は取り返せない。さらに保育所を移るのは、商品の返品のように簡単にはできない。親が保育所を探し、子どもが新しい保育所に慣れるまでの労力と時間を再度かけなくてはならない。つまり、スイッチングコスト（切り替え費用）がとてもかかる。

白書では、保育は簡単に返品交換できる商品とは違って、市場の淘汰が容易には進まないことを挙げ、「親への補助金方式は、（行政の管理や監査を著しく弱め）保育の質を保証しない」ため、「もし政府がすべての子どもに対して、質の高いサービスを維持したいのであれば、政府は民間事業者に資金補助し、監督し、管理する必要がある」としている。つまり、OECDは保育の量と質を確保するためには、保育バウチャーなどによって市場メカニズムに任せるのではなく、政府が施設への補助金を出すことにより監視を強め、その後もチェックし続ける必要があるとしている。

また親が直接入る保育所を選ぶのはいかにも良さそうだが、序章でも指摘したように、東京で認証保育所を探した親たちに聞くと、「ひとつひとつの保育所に申し込むのは大変すぎる。どの保育所も一定の質が維持されるようにして、認可と同じように区役所で割り当ててほしい」という声が多い。

保育士不足の解消という点でも、事業者の淘汰を前提とした仕組み（それによって保育の質が保たれるという）のもとでは、雇用の不安定化につながる。今は保育士の待遇改善や雇用の安定が必要といわれており、これではさらに保育士の仕事の魅力が失われることとなる。

保育バウチャーによって、一気に保育所の問題が解決できる、とはとても思えないのだ。

第5章　大人が変われば、子育てが変わる

これまで今の保育におけるさまざまな課題を見てきた。首都圏への一極集中をはじめとして、都市部への集中が進み、保育ニーズが増大している。保育所に入れるかどうかに一喜一憂し、母親たちが妊娠中から保活に消耗する事態をなんとかしなくてはならない。そんな状態で、どうして安心して妊娠や出産を喜べるだろうか。待機児童のいる都市部で働く多くの親にとって、妊娠は喜びと同時に、「保育所に入れるか」「働き続けられるか」という不安を伴うものになっている。

だが潜在待機児童の解決まで目指せば、さらに短期間で量を増やさなくてはならない。と

いうことはそれだけ、大勢の保育士が必要になる。そのうえ保育の質を高く、園庭を広く、もっと便利な場所に、地域住民にも歓迎され、子どもを長時間預けられ、親を支え、そして保育士のワーク・ライフ・バランスも維持し、保育士の就労継続意欲も高める……そんなことが可能だろうか。

筆者は、ただ保育所を増やすだけでは、日本の子育ての問題は解決しないように思う。ほかにどんなことが必要だろうか。いま日本の子育てに何が起こっているか、海外との比較なども行いながら、考えてみよう。

少子化時代の最後の砦として

働く親たちが「保育所に入れない」と頭を抱える姿をここまで描いてきた。ところで、保育所は親が働くのを支えるためだけにあるのだろうか。そうではない。保育所は子どもの健やかな育ちを支える場所でもある。

少子化が進展し、公園などで自然に同年代の子どもと出会い、さまざまな遊びを通して経験を積むことが難しくなっている。幼稚園に入るまで同年代の遊び友達がいなかった、という子どもも出てきている。西宮市が２０１６年に実施した調査でも、就学前児童を持つ親の約2割が「近所に子どもの遊び友達がいないこと」を子育てに関する不安として挙げている。

保育所に行けば、子どもたちは異年齢の子ども集団とも一緒に遊ぶことができる。今や保育所は、子どもたちが集団で過ごし、豊かな経験をして育っていく貴重な場所なのだ。親も自分の子どもより少し上の年齢の子どもを見ることにより、子どもの今後の成長過程を見通すこともでき、保育士からは子育てに関するアドバイスも受けられる。

良い保育所に出会えれば、親子で安心して乳幼児期を過ごすことができる。そんな保育所に行くと、子どもたちは本当に楽しそうに三輪車を乗り回し、縄跳びや折り紙やカルタ、ままごとと、たっぷり遊び、幸せそうな顔をして過ごしている。保育士による大型絵本の読み聞かせに、食い入るように見入る子どもたちの姿からは、子どもたちが今日もめいっぱい遊び、豊かな時間を過ごしているという空気が伝わってくる。良い保育所は、少子化で子どもが追いやられがちな社会のなかで、子どもたちが彩り豊かな経験をする、最後の砦《とりで》のようになっている。

親の経験不足と不安

保育所が貴重な場所となっているのは、親にとっても同じである。子どもが生まれたからといって、親はすぐに子育てが十分にできるわけではない。今の親には子育てを教えてくれる人もいなければ、身近で育児に触れる機会も少なかった。現在20〜30代の親の年代から日本の少子化は進んでおり、親自身も兄弟が少なく、異年齢の子どもとの交わりの経験が乏しい。都心部で育った親の場合、多様な遊びの経験も少ない。子どもがどんな遊びや経験を通して成長していくものなのか、親にも分からないのだ。

筆者が副市長を務めていた2000年代初めごろ、横浜市の子育て支援施設で「子どもと一緒に楽しく遊ぼう」というテーマのワークショップを開いた。そこで、施設のスタッフが「どろんこ遊びもいいですよ」と話したところ、「どろんこ遊びって何ですか？」という親が何人もいたという。そこで、その施設では「どろんこ遊びの会」を始め、土に触れ、子どもがさまざまな感触を楽しむ重要性を伝える機会を作った。このように2000年代初めから、都会で育った親たちには子育て文化が継承されていない、ということが子育て関係者には課題として捉えられるようになっていた。しかし、その傾向はますます強まるばかりだ。

図表5－1の上段は、横浜市が2008年と13年に、乳幼児を持つ親を対象に、「はじめての子どもが生まれる前に赤ちゃんの世話をした経験」があるかどうか、聞いた結果である。「経験のある人」は2008年には47％だったが、13年には25％に減っている。反対に、経

験のない人は50％から74％に増えている。つまり約４分の３の親は、自分に赤ちゃんが生まれるまで、まったく赤ちゃんに関わった経験がないまま、親になったということになる。

誰でも経験のないことや知らないことをするのは不安である。そこで、図表５－１の中段・下段は同じ調査で、妊娠中と出産後半年時点で不安を感じているかどうか聞いた結果である。「子育てについて、不安を感じたり自信が持てなくなること」が、妊娠中に「よくあった」「時々あった」という人を足すと、２００８年には51・３％だった。これが13年には56・５％に増えている。

図表５－１　子育てに不慣れな親の増加

はじめての子どもが生まれる前に赤ちゃんの世話をした経験

	2008年	2013年
ある	47%	25%
ない	50%	74%
無回答	3%	1%

子育てについて、不安を感じたり自信がもてなくなること（妊娠中）

	2008年	2013年
よくあった	15.5%	17.8%
時々あった	35.8%	38.7%
ほとんどなかった	33.5%	28.5%
なかった	14.0%	13.7%
無回答	1.2%	1.9%

子育てについて、不安を感じたり自信がもてなくなること（出産後半年）

	2008年	2013年
よくあった	31.4%	36.2%
時々あった	38.6%	38.4%
ほとんどなかった	20.5%	16.1%
なかった	7.8%	7.4%
無回答	1.6%	1.8%

資料）横浜市こども青少年局（2013）「横浜市子ども・子育て支援事業計画の策定に向けた利用ニーズ把握のための調査」より作成

次に出産後半年ではどうだろうか？　子育ての不安感は、妊娠中よりも出産後半年のほうが強くなる。２００８年には70・０％、13年には74・６％である。授乳、予防注射、オムツ、離乳食、夜泣き……毎日分からないことばかり。そんな不安は、初めての子どもを持った母親の誰もが抱く。働いている、いないは関係ない。そして、働き続けるとすれば、都会の母親たちはこの不安感のなかで保活もすることになる。

孤独な母親たち

多くの母親たちは、子育ての孤独感に悩んでいる。母親には、気軽に子育てアドバイスを聞ける人や、子育て仲間が必要なのだ。ところが少子化により、近い月齢の子どもにはなかなか出会えない。最近では結婚年齢や出産年齢の幅も広がり、親子ともに自分たちと同じくらいの年齢の人に偶然出会うのは、本当に難しい。公園に行っても、小さな子どもよりゲートボールをしている高齢者やペットの散歩に来ている人のほうが多い。もはや親子で公園に行き、どうやって友達を作るか悩む「公園デビュー」も死語になっているぐらいである。

多くの母親たちは、少なくとも結婚や出産までは働いており、地域に知り合いがいないなかで、突然母親になる。そのため、「つどいの広場」や「子育てサロン」といった、親子が気軽に立ち寄ってゆっくり過ごし、子育てのアドバイスを受けたり、子育ての仲間を見つけられる子育て支援施設が各地に作られてきている。いってみれば、親子の「地域デビュー」の場所であり、孤立する親子には貴重な施設である。

だが、母親には、保育所や子育て支援サロンより必要なものがある。それは第一に子どもの父親なのだ。筆者がヒアリングしてみると、保育所に預けながら働いている母親たちよりも、家で子育てをしている専業主婦の孤独感のほうが強い。核家族の専業主婦による育児は、夫の助けがなければ、「ワンオペ操業」である（ワンオペとは、ワンオペレーションの略で、すべての業務をひとりでこなすことを指す）。

「夫は疲れきっていて、一緒に子育てしたくてもできない。夫は毎日朝７時前に家を出て、11時すぎに戻ってくる。平日はいつも不機嫌で疲れきり、土曜日は一日中寝ている。日曜日にちょっと人間らしくなり、少し子どもと遊んでくれるが、いつもは私がひとりで子育てしている。夫の働き方が変わらない限り、夫婦で一緒に育児などありえない。疲れきっている夫には何も頼めない」。「ワンオペ育児」に悩む、典型的な母親の声である。

厚生労働省は10年以上にわたって、１人目の子どもが生まれた世帯の継続的な調査を実施している。その結果、図表５－２のように、夫が休日に家事や育児に時間をかけることがで

図表5－2　子どもがいる夫婦の「夫の休日の家事・育児時間」別に見た、この10年間の第2子以降の出生状況

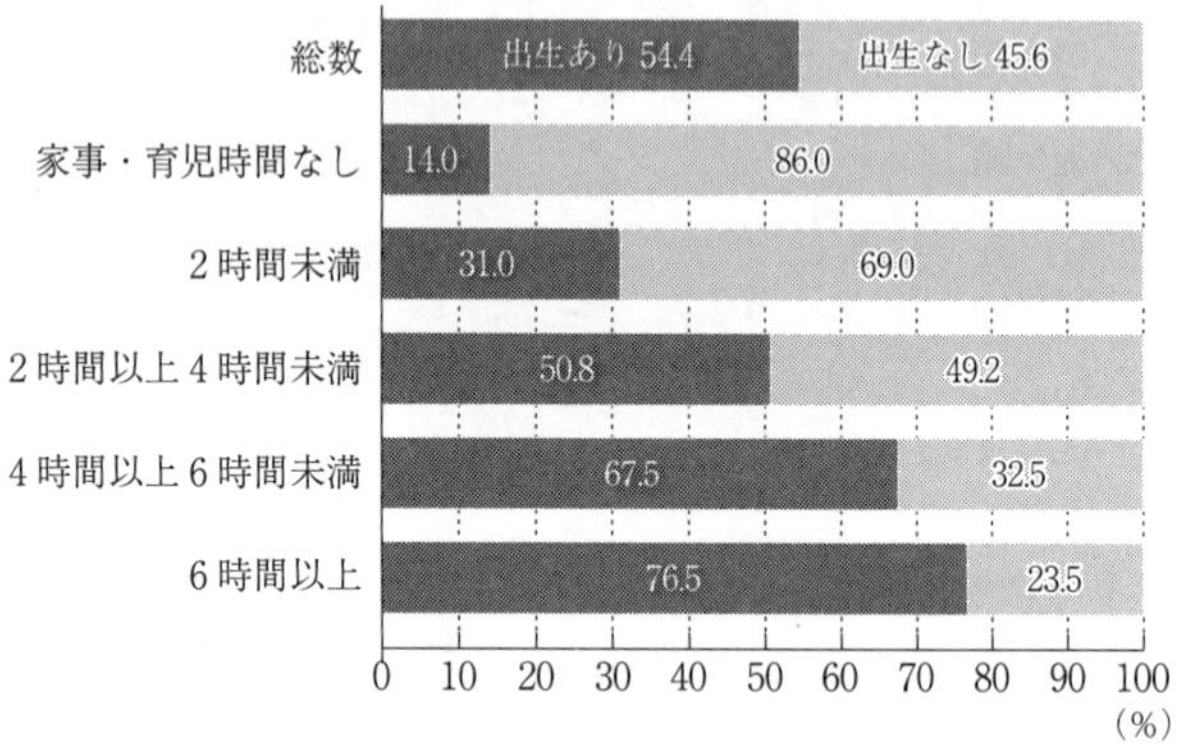

資料）内閣府「平成27年版少子化社会対策白書」、厚生労働省「第11回21世紀成年者縦断調査」より作成

きる家族ほど、2人目の子どもが生まれている。調査開始時に1人目の子どもが生まれており、その後、再び出生があったのは54・4%、ないのは45・6%である。これを夫の休日の家事や育児時間別に見ると、家事・育児時間がない場合は、第2子以降の出産があったのは、14・0%にすぎない。夫の家事・育児の時間が長くなるにつれて、第2子以降を出産する割合も高くなる。休日に夫が6時間以上家事・育児を担うと、76・5%もの妻がもう1人以上の子どもを出産している。

子育ての負担感が重くつらいものだと、母親は2人目を産みたいとは思わない。だが、夫の助けがあり、「2人で育児をしている」という実感があれば、育児のつらさが減るだ

けでなく、むしろ楽しいものになる。休日に夫がそれだけ家事や育児に携わる時間があるということは、平日もバランスの取れた働き方をしていると思われる。疲れきって土日に「寝だめ」しないと体がもたないような働き方では、休日に家族の時間を持つのも無理だろう。共働きかそうでないかにかかわらず、子育てが楽しいと思え、もう１人子どもを持ちたい、と思うには、夫婦で子育てを楽しむ時間を持てるような働き方が必要である。

大人の働き方改革が必要だ

日本の子育て環境を改善するために、筆者はまず子どもを持つ親たち、父親と母親とが精神的なゆとりを持ち、子どもとの時間を楽しめるように、大人全体の働き方を変えるべきだと思う。

ある年中無休の大規模ショッピングセンターの館長が、「今、最もテナントから求められていることは、定休日を設けることだ」と言う。ただし、定休日を設ければそれだけ売り上げが減るため、館長には迷いがあるという。しかし、安い賃金のパートやアルバイトを潤沢に採用し、長時間働かせることができた時代は終わりつつある。働く人のワーク・ライフ・バランスが維持できないと、スタッフが定着せず、質の良いサービスは提供できない。個々のテナントは、ショッピングセンターの館長が求めるように、休みなしに長時間開店できるだけの人員を確保できない状況になりつつある。長時間操業のなかで、質の高い接客サービスを提供するのは、もう限界だという悲鳴が上がっている。

保育士も同じ状況かもしれない。保育の量を増やせと言われれば、当然経験の浅い保育士が増えることになる。親が質の良い保育を求めるのであれば、保育士が長く働き続け、経験を蓄積していけるように、保育士のワーク・ライフ・バランスが取れる保育所になる必要がある。親には、親自身が保育所の環境を一緒に作るパートナーでもあるという自覚が必要かもしれない。

保育所に寄せられる、時に過剰なニーズは、それだけ親の就労環境が厳しいこと、そして子育てにゆとりがなく、不安感が強いことの裏返しでもある。保育現場にかかる負担を減らすには、保育所に子どもを通わせる親の働き方を変えるしかない。しかし、大人全体の働き方を変えずに、子どものいる親の働き方だけ変えるわけにはいかない。子どものいる親だけ特別扱いすれば、子どものいない人たちにしわ寄せをもたらすからだ。それでは、働く親たちの肩身を狭くし、結局は周りに合わせて長時間労働せざるをえなくなる。ワーク・ライフ・バランスはすべての人のためにある。少子高齢化がいっそう進展すれば、子育てをしない人でも年老いた親の介護を担うことになるだろう。また、今後は産業構造が激変すると予想され、職場以外に勉強する時間も、より必要になるだろう。

だが、「働き方改革」はまだ途上である。数年前に就職したばかりの筆者の大学の卒業生でも、「自分の仕事が早く終わっても、上司がいる限り、先に帰れない圧力が職場にある」と語っており、非常に残念だった。この卒業生が働いている業界は慢性的に人手不足なのだが、いくつかの会社では、勤務状況を改善することで劇的に社員の離職率を下げることに成功している。そもそも、その卒業生と同じ会社でも「充実して快適に働いている」という別の卒業生もいるのだ。いくら会社のトップが音頭を取って残業時間の削減をうたっても、個々の部長や課長のマインド次第であり、部署の「当たり外れ」で働き方も大きく変わる、ということだろう。

もちろん、仕事をしている以上、「頑張りどき」がある。子育て中の30〜40代は働き盛りでもある。責任ある立場になり、仕事の山場を迎え、早く帰れない日もあるだろう。だがその負担を保育所だけに負わせず、まずは夫婦で残業日をずらすなどして助け合うことができないだろうか。

それには母親だけでなく、父親の働き方が変わらなくてはならない。夫婦ともども基本的に定時終了の職場で働いていれば、夫婦で一緒に子育ても仕事も担うことができ、母親が短縮勤務などせずとも、働きながら子育てはできる。仕事と子育ての両立というと、母親側の短時間勤務や配慮ばかりが課題に取り上げられるが、夫も含めて、すべての人の働き方改革を進めるべきだろう。そうすれば、保育所に過剰なニーズが求められることもなくなる。だが一方で、そんな理想論だけでは、今の日本の子育てと仕事の問題が解決できないことも事実である。

長時間労働、筆者の場合

それこそ今の日本では、子育てに関するいろいろなサービスがあり、「さまざまなニーズ」を満たしてくれる。その気になればどんな働き方も可能かもしれない。

だが、それでいいのかどうかも、筆者は悩み続けている。筆者の経験を紹介したい。次男の1歳の育児休業明けから、横浜市で副市長として働き始めた筆者は長時間労働だった。立場上、平日夜遅くまでの仕事だけでなく、週末もイベントや行事などの仕事が目白押しだった。拘束時間が長く、突発的なこともしょっちゅう起こり、保育所、夫や実母、ベビーシッター・家事代行サービスはもちろん、長男の同級生のお母さんたちにまで手伝ってもらい、綱渡りのような毎日だった。買えるサービスは全部買い、頼める人には遠慮せずなんでも頼み、なんとか乗り越えた。

お金と人手をかければ、今の日本ではどんな働き方をしていても子育てはなんとかなる。だが、世の中の親がみんなこんな働き方をしたら、それこそ家庭がむちゃくちゃになると思ったのも事実だった。毎晩、お風呂上がりのいい匂いのする、まだ赤ん坊の次男に添い寝する時だけが、「ああ今日もやっと終わった」とほっとする時間だった。一方、小学校高学年になっていた長男がどうしていたのか、あまり記憶がない。毎日目まぐるしく働くなかで、いつのまにか中学生になっていて、驚いたものだ。働きすぎて家族と会話もなくなり、家族の変化にも気づかず、家庭に居場所がなくなるお父さんの毎日とはこういうことだ、とよく分かった。

だが、忙しいのは筆者だけではなかった。例えば議会開催日の早朝から集まって議会答弁の準備をするということは、筆者が帰った後も、来る前にも、市役所でその準備をしている人がいるということだ。議会の間やなんらかの事件が起こると、市役所の担当職員はフル稼働であった。管理職の女性が、「ベビーシッターの手配が間に合わず、インフルエンザの小学生の子どもをひとりで家に寝かせて出勤してきた」と言うのを聞き、気が気でなかった。

一方で、子どもが病気であってもどうしても働かなければならない人がいる、と痛感したものだ。

筆者の場合、副市長になる際には「お子様やご家族のことは、ご主人にお任せ願います。第一に重視するのは市役所のお仕事です」と言われていた。だが、言葉では言われていなくても、世のなかの多くの男性が「仕事優先で家族は妻に任せる」という暗黙の了解を前提に働いているだろうし、そのなかで管理職になっていく女性たちは母親であっても、同じ圧力を受けているだろう。筆者の場合は、はっきり言ってもらったおかげで、夫婦の覚悟も決まり、外部サービスもどんどん使う、頼れる人には助けてもらう、と割りきることができた。運よく、当時夫も長時間労働ではあったが、コアタイムなしのスーパーフレックス勤務の会社に勤めていたので、なんとかなった。夫の勤務先が開明的だったのも幸いしたが、夫が普通の定時勤務だったら乗り越えられなかっただろう。

病児保育や夜間保育は必要か

そのような経験もあり、横浜副市長として、病児・病後児保育を増やし、夜10時以降まで保育する夜間保育所も社会福祉法人にお願いして開設してもらった。

病児保育だが、子どもがインフルエンザなどの感染症にかかると、症状が治まっても、ほかの子どもにうつさないように、しばらく登園できない。そのため、親が数日にわたり仕事を休まねばならず、特にひとり親家庭では交代で仕事を休める配偶者がいないため、休みが多くなってしまう。非正規の場合、それでクビになったという人までいる（現在、派遣型の病児保育事業を展開しているNPO法人の「フローレンス」は、ひとり親家庭の仕事と子育ての両立を支え、安心して子育てできる社会を作ろうと、ひとり親への病児保育を寄付金で実施している）。

病児保育に関しては「もっと増やして」という声がある一方で、「病気の時には親が休めるようにすべきだ。そこまでして親を働かせたいのか」という批判も受けた。全国のデータを見ると、2015年時点で病児保育は2226ヵ所、延べ利用人数は約61万人となっている。

また、夜10時までの夜間保育所は2015年4月時点で全国に82ヵ所ある。直近で筆者が確認できた定員は09年の夜間保育所77ヵ所、定員2600人であるので、現在の定員は約2800人程度ではないかと思われる（夜間保育所という枠組みでなく、通常の保育所の延長保育という形式で夜遅くまで開所している保育所はほかにもある）。

筆者は横浜以外の各地の夜間保育所も訪れたことがあるが、預ける親は大きくふたつに分かれている。官僚や新聞記者、医師、救急救命士などいわゆる専門職の親たちで、「子持ちだからと夜のシフトから自分が外れたら職場が回らない」「人の命がかかっているのに、保育所のお迎えだからといって帰れるわけがない」というような人たち。片や、往々にして低賃金かつ長時間労働である飲食や小売りのサービス業や自営で働く人たち、また保育所以外に子育てで頼る人のいないひとり親である。

全国夜間保育園連盟が2010年に連盟に加盟する全国の66ヵ所の夜間保育所の約1300人の利用者を調査している。夜間保育所のなかには夜10時まででではなく、夜中の2時までや24時間保育しているところもある。利用者のひとり親世帯比率が約25%、特にひとり親が母親の場合、40%近くが飲食サービス業勤務であった。これは「特に専門的な技能を持たない女性がひとり親になった時に、つける職種が限られている」という問題だと調査は分析している。連盟では子どもの発達についての専門の研究者の協力を得て、15年間の追跡調査を実施し、夜間までの長時間保育（質の高い保育）を受けていても、子どもの発達に関係ないことを見つけている。

むしろ、「保護者の育児への自信やサポートの有無」が重要であり、そういう観点でも困難な状況で子育てと仕事を両立させようとしている親を支える夜間保育が社会的養護の視点からも重要であるという。

福岡県の中洲《なかす》近くで、夜中の2時までの保育をしている第2どろんこ保育園の園長でもある天久薫《あまひさかおる》は、「夜間保育所は親子を守る最後のセーフティーネットだ」と言う。2時までの保育は中洲の歓楽街の飲食店に勤める親たちが、仕事の後に迎えに来られるようにするためだ。夜間保育や病児保育が命綱という人もいる。病児保育をなくせば、病気の子どもを家に置いて仕事に行かざるをえない人もいるだろうし、夜間保育がなくなれば子どもは夜間長時間放置されることになり、子どもの命を危機にさらすことになる。

夜間保育所の問題は、ひとり親世帯が増え、さらにその貧困率が突出して高い日本（54・6%、「平成25年国民生活調査」）で、ひとり親がどう安定した就労と生活を確保するかという問題を投げかけている。また多くの大人の働き方が変わっても、サービス業や社会インフラともいえる部門で夜間も働く人々の子育てをどう支えるか、という課題は残る。

デンマークやスウェーデンのように、「子どもが病気だから」と、仕事の予定をキャンセルでき、それを誰もが当たり前と思う社会、ドイツのように日曜日には店を閉めるような社会になれば、病児保育や夜間保育も必要なくなるかもしれない。だが、日本社会がそこまで変われるだろうか。

育児休業と0歳児保育

子育てのための働き方改革には、日々の働き方だけでなく、育児休業の徹底も必要である。厚生労働省によると2016年4月時点で、0歳児全体の14・2%、約13万7000人が保育所に通っている。単純に保育士1人で0歳児3人を保育すると考えると、約4・5万人の保育士が0歳児を保育していることになる。0歳児には多くの保育士が必要であり、0歳児保育を縮小すれば、代わりに1~2歳児の保育定員を一気に増やすことができる。

さらに、1人の保育士で3人しか保育できないということは、それだけ子ども1人当たりのコストもかかっている、ということである。東京の都内6区が2015年度決算をもとに0歳児にかかる保育コストを試算している。それを見ると0歳児は月に約37万円~45万円の保育費用がかかる。目黒《めぐろ》区では2017年の保育所の申込案内書に公立保育所の年齢別保育コストを掲載しており、0歳児1人に月額45万4419円かかっている。

一方、雇用保険から出る育児休業給付金の上限は、最初の半年は67%支給され、上限は28万4415円、次の半年は50%支給され、上限額は21万2250円である(2016年度。社会保険料は免除なので、実質の所得代替率はもっと高い)。両親がそれぞれ、育児休業を半年ずつ取得し、1年間上限額の28万4415円を受給したとして、社会全体のコストとして見ても、育児休業を取得してもらうほうが効率的である。

また、本当は1年間育児休業を取りたくても、序章で見たように、年度途中での入園は不可能なので、無理をして子どもが0歳児のうちに復職するという親もいる。この場合、本来は必要がないのに、0歳児保育を利用しているわけだ。その人たちが安心して育児休業を取り、年度途中でも入所できるようにするには、1〜2歳児の保育枠を思いきって拡大する必要がある。

現在0歳児を担当している保育士を1〜2歳児担当に回せれば、1〜2歳児の定員が増やせるだけでなく、保育士1人が受け持つ1歳児の基準人数を減らし、もっと手厚い保育をすることも可能になる。保育研究の第一人者である汐見稔幸《しおみとしゆき》は、0歳児だけでなく1歳児が保育事故にあう危険性を指摘している。1歳になり、ある程度周りのことが分かるようになってから保育所に入る子どもには、0歳児から入った子どもより、多くのストレスがかかることにも要因があるという。保育所入所時の1歳児に対して、親と保育士がもっと丁寧に関わることが必要ではないかと問題提起している。そして、1歳児から保育所に入れるように保障する代わりに、親同伴で〝ならし保育〟から始め、子どもがスムーズに保育所に順応するだけでなく、親の保育所への理解を深め、親子で働きながら子育てをする生活ペースを作っていくという提案をしている。

今まで育児休業を取っていた親が突然、職場復帰するのは親にとっても負担である。子どもにならし保育が必要なように、親自身にも子育てと仕事を両立するためのならし運転期間が必要だと思う。

もちろん、今の親の就労状況を放置したまま不用意に0歳児保育を止めれば、多くの人を追い詰めることになる。非正規や自営業の人など、育児休業が取れない人がいるだけでなく、正規雇用者でも育児休業が取れない人がいることも否めない。

数年前、ある地方を回った時、少子化が進んでいるにもかかわらず、0歳児の待機児童がいる地域があった。昔からその地域では、専業主婦が少数派で、家計を維持するためにも共働きが必須であった。さらに最近では祖父母も雇用者として働いていて、孫の面倒を見られなかったり、フルタイムで孫の面倒をみる責任は負えないと嫌がったりして、0歳児保育のニーズが増大しているということだった。さらに母親たちは「会社の現場は人手がギリギリで、とても休めない」という。そこで、市が地場産業の幹部を集め、代替要員を雇用する補助金を出す代わりに、育児休業が取得できるようにしてほしいと依頼した。しかし、「生産現場で働く母親には熟練者が多く、誰でもできる単純な仕事ではない。安い輸入品の攻勢で会社の経営も苦しく、行政は能天気すぎる」と反発されただけだったという。

そうした事情も踏まえなければならないが、今や0歳児保育と1〜2歳児保育のどちらを優先して拡充すべきか、考えるべき時が来ていると思う。筆者の意見としては、0歳児保育より1〜2歳児保育の拡大を優先させる代わりに、育児休業を1年間安心して取れるようにすること。そして1歳児になった時には必ず保育所に入れるようにすること、これらがセットで考えられなくてはならない。

品川《しながわ》区などでは、育児休業明けの1歳児保育の予約制度を開始している。だが、これも枠が限られている以上、賛否両論がある。「結局は2度保活をすることになる」「後からもっと入所優先度が高い人が出てきた場合にどうするか」という意見もあり、待機児童のいるほかの自治体では導入を見送っている。

適切な育児休業の期間とは

2016年秋には、待機児童対策を兼ねて、育児休業を2年間とする方針を政府が決定し、17年の秋からの導入を目指すという。筆者は先に述べたように育児休業は重要と考えてはいるが、まずは保育所の整備を進めるべきであり、育児休業の野放図な延長には反対である。取りたい人には選択肢が広がっていいかもしれないが、長い育児休業は復職をさらに難しくするだけでなく、企業にも大きな負担をかけることになる。夫婦で子どもを産み育てるのであるから、母親である女性を雇う会社ばかり育児に伴う負担を負うのもおかしいのではないか。そもそも子どもが生まれなければ、会社どころか日本社会の存続そのものが難しくなる。育児休業は重要である。だが、その長期化が持つ副作用の側面を忘れてはならない。

ＯＥＣＤが加盟国で調査したところ、育児休業が2年以上になると、女性の就業に悪影響が出るとされている（ＯＥＣＤ『ジェンダー白書』）。別の調査でも、女性のキャリア継続のためには、６ヵ月程度での復職が最善だと述べられている（OECD Doing Better for Families）。また日本労働研究機構が２０１４年に行った調査（調査シリーズ１１９「男女正社員のキャリアと両立支援に関する調査結果」）によると、1年以内では影響がないが、それを超えると、育児休業を取得した女性の管理職登用の確率を下げることを見つけている。

ということは、母親だけが育児休業を取るのではなく、父親の育児休業取得をもっと強力に推し進めるべきだと考えられる。母親だけが長期間にわたり育児休業を取れば、どうしても男性のほうが労働市場では有利になる。夫婦で半年ずつ、合わせて1年から1年２ヵ月の育児休業を取り、最後の１ヵ月に保育所へのならしを親子で始める。そうすれば、スムーズに子どもの保育所入所と職場復帰を実現できるのではないか。夫婦それぞれ６ヵ月の休職であれば、夫婦の職場で同じように休職期間を分かち合うことができ、それぞれの雇用主側が休業中の負担も同じように担うことになる。

ＯＥＣＤのデータによると（OECD Family Database Chart PF2. 2C）、２０１３年時点で、有給の育児休業の取得者における男性の占めるシェアがスウェーデンは45％、ノルウェーは40・８％、ドイツは24・９％、デンマークは24・１％、フランスは３・５％となっている。育児休業日数のすべてに占める男性の取得シェアは、分かる国が少ないが、２０１４年にスウェーデンで25・８％、ノルウェーで22・５％である。

ちなみにスウェーデンの場合は、育児休業は夫婦合わせて最大で４８０日間であるが、片方の親は必ず90日の休業を取得せねばならず、取得しない場合はその権利が消滅し、育児休業期間は３９０日となる。また、この育児休業は子どもが８歳になるまでに、部分休業、つまり短縮勤務時間に充《あ》てることもできる。２０１３年には、子どもの生まれた父親の72・３％が育児休業を取得している。

ノルウェーでは、父親に割り当てられた育児休業期間が２０１４年に10週間となり、両親

図表5－3　6歳未満の子供を持つ夫の家事・育児関連時間（1日当たり）

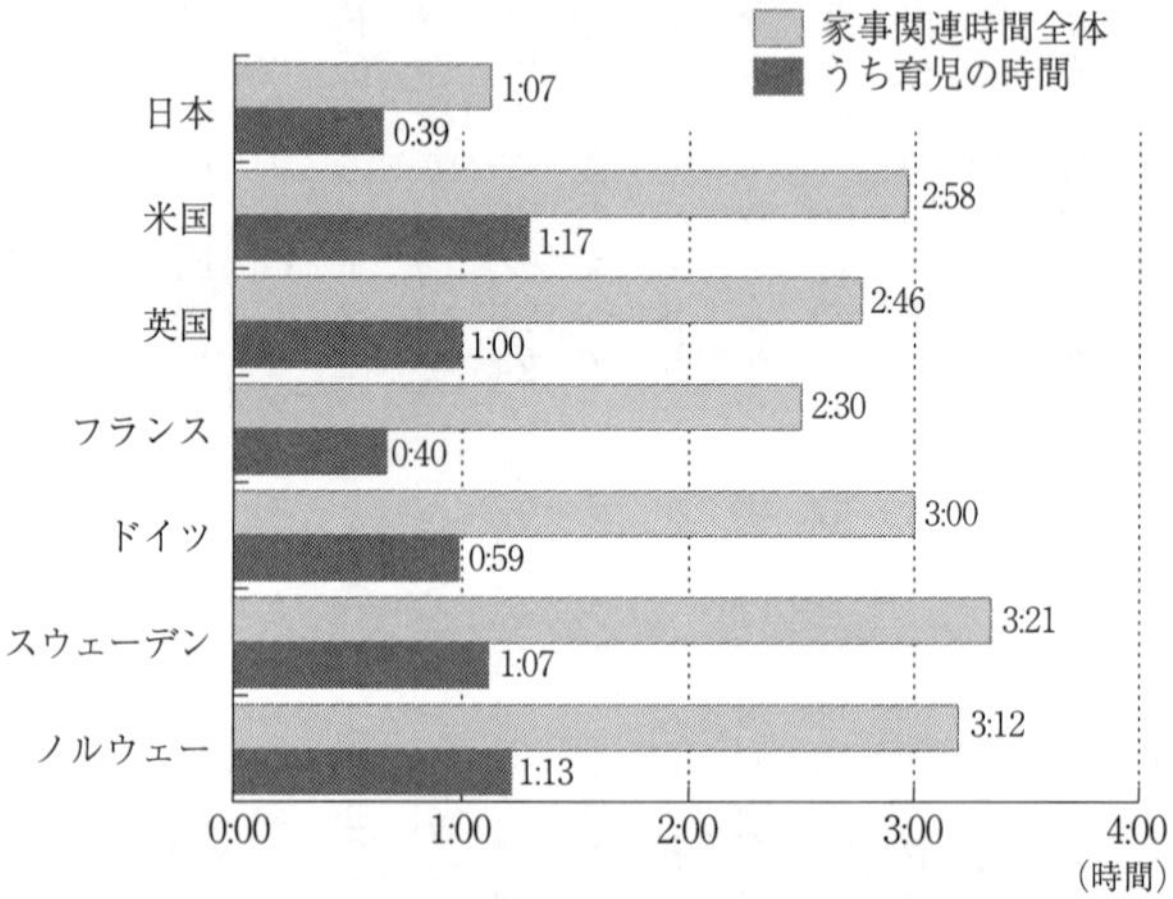

資料）内閣府「平成27年版少子化社会対策白書」より作成

合わせて取得できる育児休業期間は49週となった（3週は、母親が必ず出産前に取ることになっている）。この期間は100%の給与保障である（さらに延長して59週まで延長すると全体の給与の80%保障となる）。父親の約90%が育児休業を取得しているといわれる。このように、子どもの出産時から夫婦で育児を一緒にすることが当たり前の国もある。実は、男性も育児休業を取得することによって〝父親〟になる練習と夫婦で育児をするという意識づけにもなっている。

　もともと欧米では一部のエリートを除いて、ほとんどの人の労働時間が定時で終わるということが大きい。図表5－3

には6歳未満の子どもを持つ夫の、1日当たりの家事や育児の時間を載せている。米国では夫の家事は2時間58分（うち育児が1時間17分）、ノルウェーでは3時間12分（同1時間13分）であり、1時間7分（同39分）の日本よりははるかに多くなっている。残業もどちらかが交互に行い、早く帰ったほうが保育所に迎えに行く。その結果、母親ひとりや保育所に大きな負担がかからない、というわけだ。

欧米諸国と日本の比較

それでは、これから日本の保育はどうすればよいのだろうか。先ほど、育児休業制度や大人の働き方に言及したように、保育所単体での問題解決は難しい。保育の量をどこまで確保すべきか、そもそも保育所の役割とは何か、といったことは、その国の家族政策や労働政策、教育政策などと大きく関わるからだ。

そこで日本の子育ての方向性をどうすべきかを考えるために、スウェーデン、フランス、ドイツ、米国の事例を挙げたい。図表5-4にはそれぞれの国の家族政策の特徴や、各国が保育や児童手当などの家族政策に投入する予算のGDP比をまとめてある。さらに、政策の結果を見る指標として、各国の合計特殊出生率も掲載した。スウェーデン、フランス、ドイ

図表5－4　5ヵ国の家族政策の特徴

	家族政策の特徴	家族政策に投入する予算のGDP比（うち現物サービス*）（2013）	合計特殊出生率（2014）
スウェーデン	子育てと就労の両立支援型（母親の就労促進型）	3.6%（2.2%）	1.88
フランス	「選択の自由」が重視され、手当と保育の両方充実型（ただし階層格差あり）	3.7%（1.3%）	1.98
ドイツ	手当・家庭内育児重視型で就労継続支援がまだ不十分（父親の育児休業取得や保育所整備を進めるが、まだ不十分）	3.1%（1.1%）	1.47
米国	国家は家族政策に介入せず、柔軟な労働市場で個人解決型（育児休業制度などは企業ごと）	1.2%（0.6%）	1.86
日本	就労促進と専業主婦優遇策の混在	1.5%（0.5%）	1.42

資料）OECD　Family Database, Chart PF1.1A などより作成
＊現物サービスとは保育やその他のさまざまな子育て支援サービスのこと

ツはいずれもGDP比で3％を超える予算を投入しているが、ドイツの出生率は低い。ドイツは2000年代半ばまで児童手当の支給が中心で、「母親が家で子育てをする」ことに重点を置き、保育所整備を進めてこなかったことが背景にある。米国は家族政策関係予算は少ないが、出生率は高い。これは労働市場が柔軟で、退職や転職によって、親が働き方を変えることができるからだ。詳しくは後述する。

また、図表5－5は各国の「育児と仕事の両立しやすさ」を示すデータをまとめたものである。0～2歳

図表5－5　母親の就業率や保育コスト・保育所利用率について

（%）

	0～2歳児の保育利用率（2006）	0～2歳児の保育利用率（2014）	末子年齢が0～2歳の母親の就業率（2014）	末子年齢が3～5歳の母親の就業率（2014）	保育費用が家計の実収入に占める割合**
スウェーデン	45.7	46.9	*(83.1)	*(83.1)	4.4
フランス	42.4	51.9	59.1	76.4	9.7
ドイツ	13.6	32.3	51.5	70.3	9.7
米国	27.4	***28.0	55.8	63.3	28.7
日本	19.6	30.6	47.4	60.8	15.3

資料）OECD　Family Database, Chart LMF1.2 などにより作成
＊スウェーデンの数値は0～18歳の子どもを持つ女性すべての就業率である
＊＊2歳と3歳の2人の子どもを保育所に預け、かつ共働き夫婦の収入は2人で各国の平均賃金（2012年）の1.5倍の収入があるとして試算。この保育費用は、政府の補助や税控除なども含めて最終的に世帯収入に占める負担割合である
＊＊＊米国のデータは2011年のものである

児の保育所利用率とその変遷からは、乳幼児を育てながら母親が働くための基盤がどの程度整備されているかが分かる。末子年齢が0～2歳の母親の就業率は、母親が育児休業などを取得しながら、働き続けることが可能かどうかを示している。また、末子年齢が3～5歳の母親の就業率からは、一度退職しても再就職が可能かどうかを見ることができる。保育費用が家計の実収入に占める割合は、子育てのコストを「個人で負担すべき」と考えるか、「社会的に支えるべき」と考えるか、その国の姿勢を示している。以下、国ごとに見ていこう。

スウェーデン

スウェーデンには基本的に0歳児保育はなく、先に見たように、育児休業の父親割り当て期間も定められており、親が育児休業を取って育てることとなっている。また、スウェーデンでは1歳児以降の保育と教育は、親の就労のためではなく、子どもの健全な発達のためと位置づけられており、教育研究省が管轄している。

スウェーデンは1960年代の高度成長期に、深刻な人手不足のなかで女性の職場進出が進むにしたがって、出生率が低下した。そのなかで、いかに女性の労働力率を上げつつ、子どもを産み育てやすくするかということや、男女共同参画という視点から、現在のような手厚い制度が整えられてきた。一方で職域の男女分断があり、介護や保育といった家族内のケアを社会化した部門に、女性が集中して働いているという課題がある。図表5－5のスウェーデンの母親の就業率は0～18歳の子どもを持つ母親全体のものであるが、83・1%となっている。育児休業手当などもすべて出産前の就業所得に応じて決められ、共働きで働くことが圧倒的に有利になるよう制度設計されている。課税も妻が夫の扶養に入るといった世帯単位ではなく、個人単位でなされるため、日本のような配偶者控除はない。手厚い社会保障を維持するためには、働ける人にはひとりでも多く働いてもらい、税などで社会を支えてもらうことが必要だからである。そのため、いわゆる専業主婦は少数派であるといわれている。

フランス

フランスでは、昔から人口維持が国の重要な施策とされており、さまざまな多子出産奨励策が取られてきた。そのため、子だくさんの家庭に圧倒的に有利なように制度設計されている。特に重視されてきたのが「女性の選択の自由」であり、子どもを産んで働いても働かなくても、どちらも支援するというだけでなく、近年は男女間のさまざまな格差をなくすことも重視されている。

3歳以上（自治体によっては2歳以上）の保育と教育は義務教育化されており、ほとんどの子どもが3歳になれば保育学校か幼稚園に通う。育児休業は最長3年間取得でき、労働時間短縮に充てることもできる。ただ、育児休業手当は定額で低く、第1子の場合は半年しか支給されない（第2子以降は3年間支給される）。一方、低年齢児のための保育所も普及しているが、都市ではやはり足らず、そのかわり保育ママや家庭型保育所が普及している。ベビーシッターや家政婦の雇用に関しても補助がある。学歴の高い（給与の高い）母親ほど就業率が高く、保育ママや保育所を利用して、早く職場復帰する。フランスは階層社会であり、保育ママや家庭型保育所を奨励することで、そうした仕事に就いている、あまり学歴が高くない人や移民層の女性の失業率を下げる側面もある。さらに、そもそもフランスの所定労働時間は週35時間である（日本は40時間）ことが、子育てしながらの就労をより容易にしている。

所得課税はN分N乗といわれ、子どもの数が増えるとそれに応じて決まる家族係数で世帯全体の所得を割って課税される。つまり、多子家族が非常に有利になるように設計されている。

ドイツ

ドイツは、ナチ時代の記憶が強く、出産奨励策に取り組むことは他国に脅威を与えるという側面もあり、最近まで積極的な取り組みがなされてこなかった。しかもドイツでは、小さな子どもは家庭で育てるべきだという考え方がいまだに強く、保育所整備より家庭での育児に手当を支給する施策に重点が置かれてきた。

かつてドイツは保育所の整備を進めず、育児手当金の給付によって育児休業を3年間とした。その結果、出生率がかえって伸び悩むこととなった。なぜなら育児休業を3年も取る女性を企業は雇わないため、女性は子どもを産むことを避けたからだ。そこで、２００５年に発足したメルケル政権では、保育所を増設するとともに07年には「両親手当」を導入し、１年間手厚く育児休業手当を支給することによって、育児休業を実質１年とした。また、父親が育児休業を取得すれば休業期間が４２０日に延びることとし、父親の育児休業取得を強力に推し進めている。09年のドイツの男性の育児休業取得率は23・６％である（14年の日本は２・３％）。

２０１３年からは、親が要望すれば１歳以上の子どもに保育を提供することが、自治体に求められるようになった。そのため図表５－５に見るように、０～２歳児の保育所利用率は06年の13・６％から14年には32・３％と大きな伸びを見せている。このように保育所の増設も進んだが、フランスやスウェーデンに比べると、まだ不足している。しかも保育時間が短いため、多くの働く母親にとっては、１人育てるのが精いっぱい、という状況だという。そのことが１・47と他国に比べて低い出生率に表れている。

米国

ここまで紹介した、手厚い家族政策を実施するヨーロッパ諸国と状況がまったく違うのが米国である。米国では、家族のことに国は介入しないという考え方が徹底しており、連邦政府が定めた公的な育児休業制度はない。従業員50人以上の会社に勤める従業員の場合のみ、12週間の無給休暇が認められ、もとの職場に戻る権利が保障されている（この休暇は介護・疾病休暇といい、出産だけでなく本人の病気などにも適用される）。また、カリフォルニア州など、2000年代に入ってから有給の育児休業制度を導入した州もある。手厚い育児休業制度や短縮勤務・在宅勤務などは企業ごとに実施されており、能力の高い従業員を引き留めるために導入されている。

州によって保育の基準などが定められているが、公費の投入は低所得者向け保育への補助（ヘッドスタートといわれるもの）が中心であり、一般的に保育は市場に任されている。良い保育は高く、安い保育は質が悪い。図表5－5を見ても、米国では共働き世帯の支出に占める保育料がほかの国に比べて高いことが分かる。

そのため、保育の利用者は保育に公的な補助が受けられる低所得者層と、高所得者層で多くなる。中間所得層は夫婦で勤務時間をずらして子どもを見たり、親族を頼ることが多いといわれる。図表5－5に見るように、0～2歳児を持つ母親の就業率は55・8％とほかの国に引けを取らないが、0～2歳児の保育利用率は28％と低い。

一方で労働市場の流動性が高いため、子育て期間は退職して、適切な時期に再就職することが可能である。つまり保育が十分整備されていないため、親が仕事を中断したり転職したり、親族を頼ったりして仕事と子育ての両立をやりくりしているわけだ。

それでも収入の高い（米国のエリートは法外な収入である）女性には、子どものケアをするシッターだけでなく、家事全般をする家政婦まで雇っている人もいる。それが可能なのは、安く雇える移民労働者がいるからだ。

いま一度、図表5-5の2006年と14年の保育所の各国の利用率を見てもらいたい。フランスがスウェーデンを上回る保育所利用率になっているのは、0歳児保育のないスウェーデンに比べ、フランスでは高学歴の母親が育児休業を0歳児の間に切り上げて職場復帰することや自治体によって2歳児からの義務保育が始まることが大きいと考えられる。ドイツや日本で保育所利用率が上がっており、14年には米国を上回っている。

これには保育のコストも関係している。同じく図表5-5にはOECDが、各国の標準的な保育施設に預けた場合の保育料から税控除や政府補助を引いて、実際の家計の負担がどうなるか、試算したものが載せてある。なお、共働き夫婦2人で各国の平均賃金（2012年）の1・5倍の収入があり、2歳と3歳の2人の子どもを保育所に預けている、という前提での試算である。そうすると、家計の最終手取りに占める保育コストの割合は、スウェーデン4・4％、フランスとドイツは同じ9・7％になる一方、米国は28・7％、日本は15・3％である。低所得者向けの保育を除いて、基本的に保育に公費負担がほとんど入らない米国では保育費用が家計に負担をかけていることが分かる。

これらの国を見てみると、女性が就労しやすく、保育も量的に足りているだけでなく、父親が育児を担う（つまり男女含めて長時間労働ではない）ことが可能な国では、女性の高い就業率と高い出生率が両立可能になっていることが分かる。今後の日本は少子高齢化が進み、労働力が足りなくなるため女性の労働力が欠かせない。そのためにも女性たちがなんら障害を感じず、働きながら子どもを産み育てることが可能な社会にならなくてはならないだろう。

短時間勤務の親のためにも

それでは日本の保育の今後はどうなるだろうか。

筆者の試算では、2016年4月の0〜2歳児の保育所利用率は約32・1％に上昇していると思われる。2015年の夫婦の状況を調べた『第15回出生動向基本調査』によると、結婚してから第1子出産までの就業継続率において、結婚退職が減り、さらに2010〜14年に第1子を産んだ母親の就業継続率が38・3％となっている。また、末子が0〜2歳で追加の子どもを産む予定がない母親の場合の就業率は47・6%である。0〜2歳児を持つ母親の就業率は上昇傾向にあり、0〜2歳児の保育の整備はまだ量が求められるだろう。

保育所に入所申し込みする人のなかには「仕事を続けたい」「働かないとやっていけない」という人もいる一方で、「周りに子育て仲間や一緒に遊ぶ子どもがおらず、保育所に入所させないと同年代の子どもと遊ぶチャンスがない」という人もいる。くり返し述べてきたように、保育にはふたつの役割がある。ひとつには親の就労を支えるということだが、もうひとつ重要なのは、子どもの育ちを守るという役割である。

親の就労と子育てを支えるという面から、さまざまな保育ニーズについて考えてみよう。序章で保活の困難さを見たが、都心部では夫婦フルタイムの共働きでも保育所に入れるかどうか、ギリギリである。一方で、母親のなかには実は週に2〜3日だけ働きたいのだが、それでは保育所入所が不利になるので無理にフルタイム勤務にしている人もいる。また都合よく自分のペースに合わせた週に数日の勤務が見つけにくいということもある。

新制度では月間48時間から64時間（自治体によって違う）の最低労働時間があれば、「保育の必要性」が認定され、保育所への入所申し込みは可能である（少子化の進んでいる地方では実際に、月間労働時間48時間、つまり週に3日出勤で1日に4時間勤務という人の子どもも保育所に入っている場合がある。しかし待機児童のいる都心部では入所は不可能である)。

そういった短時間の就労の親を支える仕組みとして、週に数日短時間子どもを預かる一時保育という制度がある。だが一時保育も満員なだけでなく、待機児童のいる地域では定員を超えて子どもを保育している場合もあり、一時保育枠を減らしているところまである。そのため一時保育を利用するのにも、最近は熾烈な競争がある。

だが、一度仕事を辞めた母親たちが、仕事に復帰するには、少しずつ仕事の勘を取り戻しながら、育児と仕事の両立への自信をつけていく助走期間が必要だ。ところが待機児童の多い地域の保育所ではそんなゆっくりとした職場復帰は支えられない(それでは保育所に入れないから)という課題がある。保育の必要度の高い人から入所できるので、待機児童にはどうしても短時間就労の人が多くなる。そうやって考えると、短時間のパート勤務の人向けの保育を整備することも考えられるべきだろう。

密室育児から解放するために

繰り返すが、保育の課題は待機児童だけではない。

少子化のなかで同世代の子どもや親が周りにおらず、育児の孤立や密室育児の行き詰まりから、「保育所に子どもを通わせたい」という母親もいる。また、本当はちょっとした時に預かってくれる人や場所があれば、育児の負担感も減って子育ても楽しめるが、そういった場がなかなかない。スーパーに行った時に、子どもが泣いてしまい、「うるさい」とほかの客から怒られたことをきっかけに、外に出るのも怖くなり、育児に追い詰められてしまう母親もいる。

2015年4月から浦安《うらやす》市の市立幼稚園のなかの数園が認定こども園になり、乳幼児の一時預かりや3歳児のクラスを始めている。これは幼稚園に来る4歳まで、母親と子どもが2人きりで家のなかでゲームやDVDを見て過ごしている子どもが（こういう事例を密室育児という）、急速に増えていることが背景にある。外でたっぷり遊んだりして体を動かさないので、運動能力が十分発達していないだけでなく、他の子どもとの関わりができない子どもが目立ってきたからだという。子ども集団がなくなっている現状では、地域で子どもが育つ環境が失われてきており、「4歳から幼稚園に来るのでは遅すぎる」と判断したという。「3歳までは母親が家庭で育児をする」ということが、かえって子どもの発達に良くない影響をもたらすようになっている。これは母親が悪いわけではない。子育てを支える仲間や空間が地域でなくなってしまったために、部屋のなかで誰とも関わらない孤独な育児に追い詰められているからだ。

在宅の親子の子育て支援のために開設されている、地域子育て支援拠点の施設長は、「今のお母さんたちは、〝トラブルを避ける〟ということにばかり気を遣っている。子ども同士がおもちゃの取り合いをしたり、さまざまな揉め事を経験することが、子どもだけでなく親にも必要なのに、その経験が少なすぎる。他人と関わって揉めるのが嫌で、家に親子でこもってDVDを見せているような人がいるのが心配だ」と述べる。またさらにこの施設では利用者に「ちょっとした時に、子どもを見てくれる人がいるか?」と尋ねたところ、「身近に子どもを少しでも見てくれる人がいる」と答えた母親は20%もいなかったという。

つまり、働く母親だけでなく、在宅で育児をする母親たちのためにも、十分な子育て支援と、ちょっとした時に使える保育が必要である(例えば母親自身の通院や美容院や息抜き)。そういった子育てを支える基盤があれば、しばらくは仕事をせず家で育児をしたいと考える母親も、より子育てを楽しめるようになり、「早く保育所に預けたい」「預けるためには働かなくては」と焦らずに済むケースもあるだろう。先に挙げた地域子育て支援拠点では、専業主婦のための一時預かりも実施している。

つまり待機児童対策には、保育所の整備だけでなく、ありとあらゆる預かりニーズが保育所だけに集中しないように、在宅で子育てをする親子が毎日をより楽しくすごせるための支援の充実も必要である。

過疎地での子育て

図表５－６　市区町村別子どもの出生数

	10人未満	50人未満	100人未満	500人未満	500人以上	計
自治体数	80	356	246	615	444	1741
割合(%)	4.6	20.4	14.1	35.3	25.5	100

資料）「各都道府県の統計年鑑」より山縣文治関西大学教授作成。数値は2014年のもの

一方、都会の密室育児とは違って、地方の過疎地では、とにかく周りに子どもがいないという状況が広がっている。

１７４１の市区町村のうち、２０１４年の１年間に子どもが10人未満しか生まれていない自治体が80（４・６％）、50人未満が３５６（20・４％）、１００人未満が２４６（14・１％）と、約40％の自治体で１年間に１００人未満の子どもしか生まれていない（図表５－６）。こういう場所では、親が働いているかどうかにかかわらず、保育所等に乳児期から通わないと、ほかの子どもと遊び、触れ合うということがなく、子どもの健全な発達が保証されないことになる。

ところが、保育所には「保育の必要性」がある子どもしか入所できない。さらにこの１７４１の市区町村のうち、幼稚園も保育所もない

自治体が22（1・3％）、保育所のみの自治体が330（19％）、幼稚園のみの自治体が32（1・8％）となっている（文部科学省「平成26年度幼児教育実態調査」）。ということは、例えば保育所しかない地域では親が働いていない子どもの場合、小学校に入学するまで、どこにも行くところがないのである。

筆者も毎年生まれる子ども数が14～15人という村を訪れたことがある。村にひとつだけある保育所は認定こども園となり、3歳になれば親の就労状況に関係なく、子どもたちは全員そこに来ることになっている。ただ、2歳までの在宅の子どもたちが普段何をしているのか、分からないという。定期的に開催する在宅の親子向けのイベントには数人来るが、通常の日には、小さな村には行くところがない。村の関係者が言うには、「この村で生まれた子どもは中学校卒業までずっと同じ集団で育つ。小さな村なので人間関係で揉めることはできない。なので、お母さんたちは子育て広場のイベントに来ても、お母さん同士で深入りしないように慎重に会話している。深く付き合おうとしない」らしい。普段はどうしているのだろうと聞くと、関係者は「きっと家のなかで親子だけで過ごしているのだろう」と言う。

そうした村に、母親たちが頼れる存在はいるのだろうか。筆者の視察した村の場合は、子育て支援を担当している2人の保健師がその役割を担っていた。母子手帳の交付時には丁寧に面接し、妊娠後期には一般的な情報提供のみならず、手書きの手紙を送る。「あなたを応援して見守っていますʼ」というメッセージを伝えるためだという。出産後の家庭訪問も保健師が担当する。保健師は「在宅の親子が気軽に過ごしながら、子どもがほかの子どもと触れ合える機会や、たまに子どもを誰かに預けて、お母さんがひとりになれる時間が必要です」と話していた。

ただし、保育の必要性がない1号認定（3歳以上）の子どもであっても、居住地域に他の教育・保育施設がない場合は、「特別利用保育」という枠組みで2号認定（保育の必要性のある3歳以上）と同じように、保育所に入所できる。だが、2歳までは行くところがない。

孤独な密室育児の問題は都会だけでなく、子どもが少ない過疎の地方でも深刻化している。そういったなかで、親の状況に関係なく、子どもの健全な発達を支えるための保育の必要性があらためて認識されている。待機児童のことだけが保育の課題ではないのだ。

乳幼児期の保育と教育の意義

それではほかの国々では、保育をどう捉えているのだろうか。

ＯＥＣＤでは１９９０年代後半から、ＥＣＥＣ（Early Childhood Education and Care）と題

した調査を重ねている。これはOECD諸国の乳幼児の保育と教育について、網羅的に調べるものである。最初にOECDが乳幼児期の教育や保育についての調査書を出版したのは2001年であり、タイトルは「Staring Strong-Early Childhood Education and Care」、つまり「人生の始まりこそ力強く（日本語訳）」である。OECDのうち12ヵ国を対象に、生涯教育のスタートとしての保育の持つ意義や子どもの発達への影響について調査したものである。

この調査によって、乳幼児期の適切な保育や教育が子どもの発達にとって重要であることが認められ、2002年から04年にかけて、さらに20ヵ国の乳幼児の保育と教育の調査が実施された。この結果は『Staring Strong II』として06年に出版されている（いずれの調査にも日本は含まれていない）。

このなかでは、乳幼児の保育と教育には、体系的で総合的なアプローチが必要であること、この分野のサービスやインフラへの公的投資が必要なこと、質の改善、職員の養成・研修や適切な労働条件の確保などが提案されている。

さらに強調されているのは、乳幼児の保育と教育への投資は、「子どもと家族だけでなく、社会全般にも優れた便益をもたらす」ということだ。例えば、①女性の就労が可能になり、経済発展に結びつく、②共働きにより世帯収入が増え、貧困率が下がる、③子どもだけでなく、親子がより精神的・身体的に安定し健康になる、④子どもの健全な発達・成長に結びつく、ということなどが挙げられている。

またアメリカの労働経済学者のジェームズ・J・ヘックマンの議論などを取り上げ、「保育には公共財としての価値がある」とも念押ししている。ヘックマンの議論を簡単に述べると、就学前教育は、子どもの能力形成（人的資本形成）に、（年齢がもっと上になってからの教育や訓練に比べ）非常に効果的だということである。つまり質の高い保育によって、子どもが高い能力を身につけ、大人になっていくことは社会にとっても高い効用をもたらす、というわけである。

２０１２年の『Staring Strong III』では、乳幼児の保育と教育の質について議論され、15年の『Staring Strong IV』では、保育の質をどうモニターするかという、各国の状況がまとめられるとともに、質のチェックの重要性が論じられている。こうした調査報告書が精力的にまとめられている背景には、より多くの乳幼児が就学前の保育や教育に参加するようになっていることや、家族の形態が多様化するなかで、子どもの学力や健康の保持、人的資本の蓄積に、乳幼児期からの取り組みの必要性が認識されているからである。ＯＥＣＤの一連の報告書では、特に貧困層やひとり親、移民など社会的ハンディキャップのある乳幼児こそ、早期からの保育や教育が必要であると述べられている。

各国の保育利用率

図表5－7には、あらためて、OECD各国の0～2歳児の保育の利用率の推移を1995年から示している（米国を除き、今回取り上げた国々では3歳を超えると、ほとんどの子どもが就学前の保育や教育を利用する）。保育を受けるのは子どもの権利と考えるスウェーデンや、子どもを人に預ける文化があったフランスでは、一貫して利用率が高い。一方、「3歳までは母親が育てるべき」という3歳児神話がある日本とドイツは利用率が低かったが、徐々に上昇してきた。それに対して、米国は女性の就業率が高いにもかかわらず、利用率が伸び悩んでいる。保育が市場に任された結果、整備されないままであることが分かる。

韓国の変化が目を引く。2001年にわずか3％であったが、14年には35・7％まで伸びている。韓国では04年に乳幼児保育法が改定され、保育所利用の就労条件がなくなっている。また全所得階層での保育の無料化や、幼稚園も8時間以上開所の終日制（08年には幼稚園の95％）となっており、13年には幼稚園と保育所が一元化された。

だが、韓国は長時間労働の働き方が主流であり、男性が日本以上に家事や育児を担わない。

図表5－7　0～2歳の保育利用率

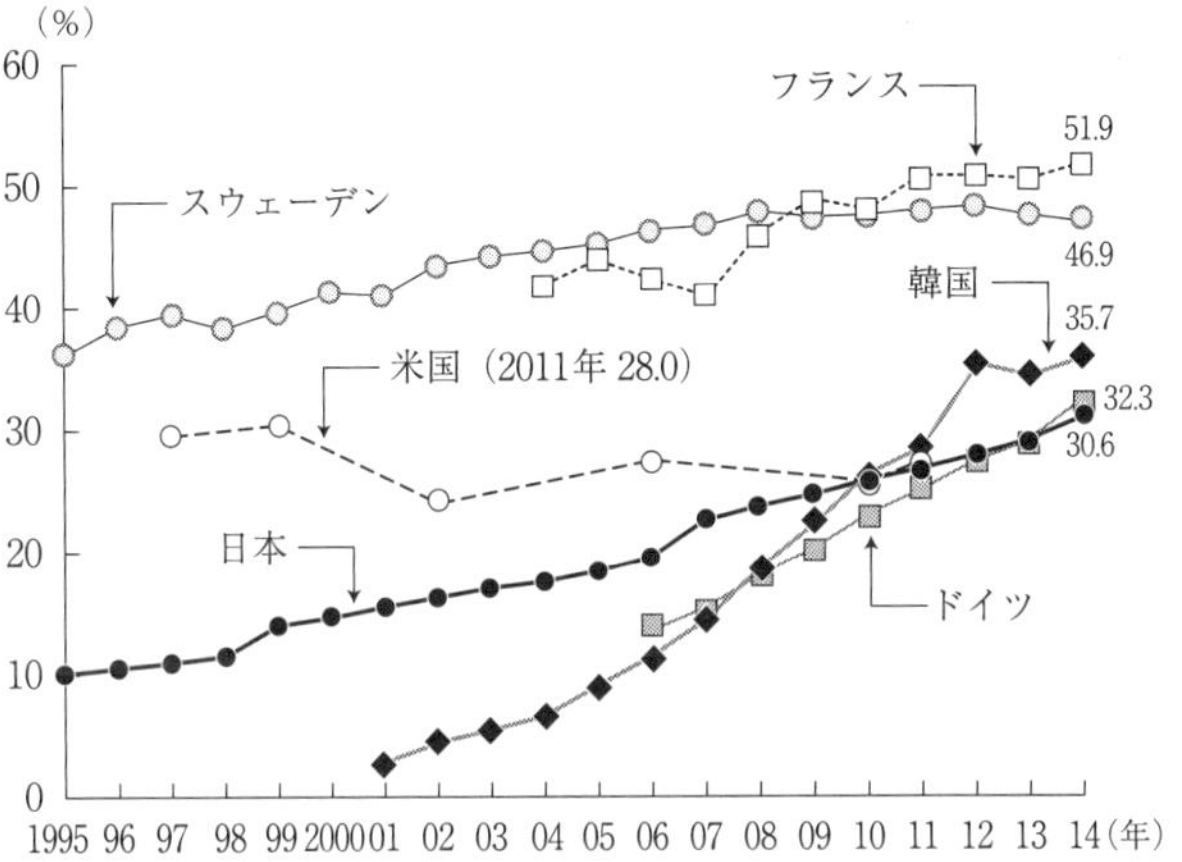

資料）OECD Family Database Chart PF3.2
注）日本のデータは、1995年から99年までは保育所入所児童数と出生数より筆者試算。2000年から06年までは厚生労働省データ、07年以降はOECDデータによる

さらに教育熱が高く、受験が厳しく、塾などにいくのが当たり前であり、家計の教育費負担は日本より重い。そのため、これだけ保育所が整備されているにもかかわらず、子どもを持つ母親の就業率は日本より低い。出生率も低く、2014年で1・21である（同年に日本は1・42）。韓国の状況からも、保育所だけでは子育てに関わるすべての問題を解決できないことがうかがえる。もし出生率を回復させたいのであれば、日本でも保育所を整備するとともに、長時間労働をなくす働き方改革と、父親が育児参加できる環境整備、高等教育の教育費の負担減などがカギ

図表5－8　各国の「就学前保育と教育」への公的投資（対GDP比）

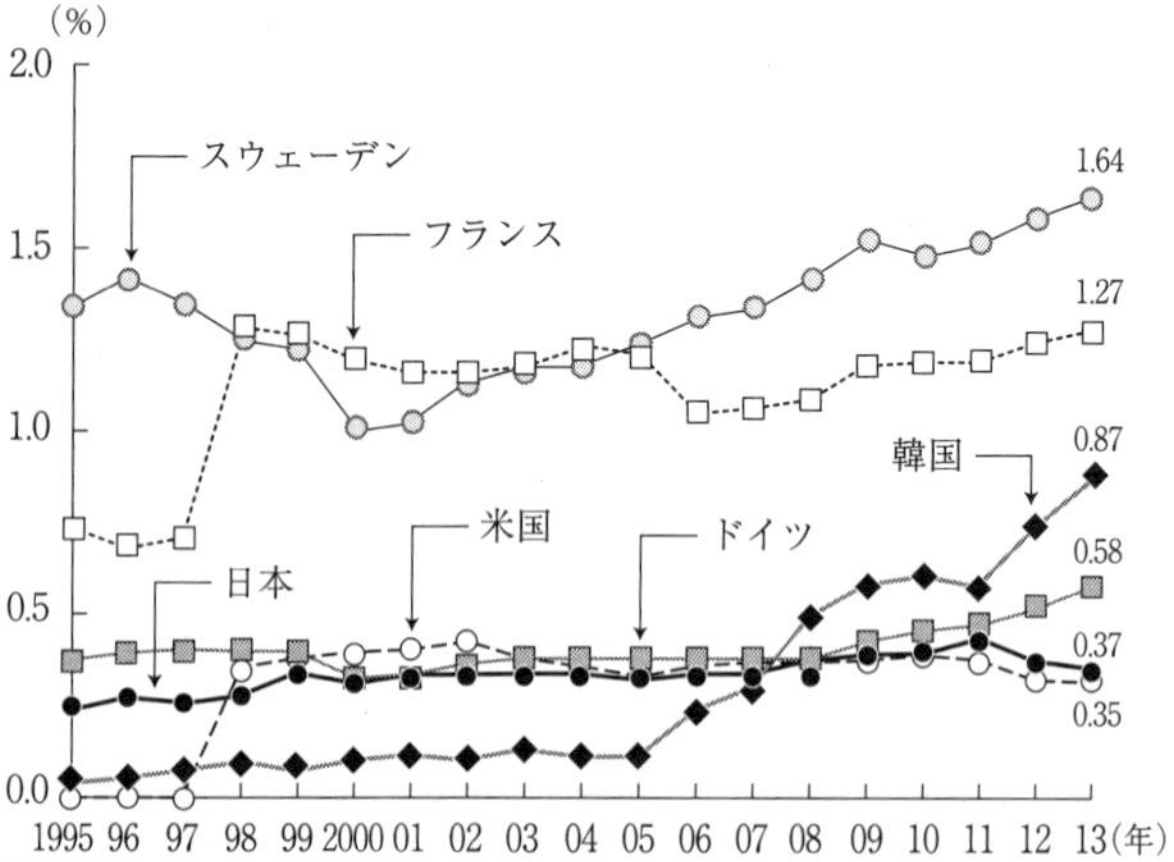

資料）OECD Family Database Chart PF3.1

になるだろう。

図表5－8は、各国がどの程度の予算を就学前保育と教育にかけているかの推移を見たものである。これは先の図表5－7で見た保育の利用率の違いと強く関連している。スウェーデンは、1995年時点ですでに対GDP比1・33%の予算を保育に投入していた。保育利用率と出生率が高いスウェーデンとフランスは、それだけ保育に予算をかけている。また先に見たように、急速に保育利用率が高まっている韓国では、2005年から保育への投入予算が急増し、13年時点では対GDP比0・87%である。傾向の似たドイツも予算を伸ばす一方で、日本は13年時点で0・37%と、米国と並んで少ないことが分かる。

待機児童解消へ、８つの提言

それでは、こうしたデータを踏まえて、日本の保育は今後どういった方向に進むべきだろうか。まず前提として理解していただきたいのは、２０１６年に出生児童数が約98万人となったように、子育てを支援するために思いきった改革に踏み切らなければ、今後のさらなる少子化の進展はこのままでは避けられない、ということだ。１９９４年のエンゼルプランの策定以来、結局日本社会は思いきった改革ができないままに、20年以上を費やしてきたのだ。

筆者の考えをまとめてみたい。第一に育児休業は原則１年を徹底する。より多くの非正規の人も育児休業を取得できるように制度を整える。育児休業を徹底し、０歳児保育を減らすことができれば、その分だけ１～２歳児保育を増やすことができるからだ。

第二に育児休業は父親と母親が交代で取ることを推し進める。北欧のようにパパクオータ（父親への割り当て）も導入する検討を始めてもいいかもしれない。そうでないと今の日本の風土では、男性が育児休業を取得するのは難しいだろう。夫婦交代で育児休業を取得できれば、働きながら家事や育児をどう担っていくかを夫婦両方が家庭と職場で経験するよい練習になる。図表５‐２で取り上げたように、父親が育児を担えば、母親の育児負担感も減り、もう1人子どもを産もうという意欲も高まるからだ。日本生産性本部の調査によると、2014年の新入社員の男性の70%が「子どもが産まれたときは、育児休業をとりたい」と回答している。

また、男女両方が育児休業を取るようになれば、雇用主側にとっても育児休業を取得する社員のいる職場を、残った社員に過重な負担をかけずに回す経験値を蓄積することになる。育休をうまく回している企業では、「育休は仕事の効率化と無駄な仕事の削減の機会」「お互い様経営」といった表現で、育休社員は「支援が必要な社員」ではなく、「生産性向上のキーパーソン」だと捉えている。

第三に、一方で育休の過度な延長よりも、保育所の整備を優先すべきである。保育所を充実させたフランスが高い出生率を維持しているのに比べ、保育所より3年の育児休業を進めようとしたドイツの出生率がなぜ低いままにとどまり、育休の実質短期化と保育所整備に方向転換したのか、について学ばなければならない。2歳までの育児休業の延長は休みたい人には選択肢が広がるかもしれないが、キャリア形成に悪影響をもたらす可能性がある。また、雇用主側への負担もかかる。1歳児から保育を利用できるようにするには、都市部ではやはり小規模保育の整備が有効である。

第四に働き方改革も必要である。親子がゆとりある暮らしができるように、すべての人の労働時間を見直すべきだろう。それは保育士への負担を減らし、子育て中の保育士の職場復帰も容易にする。そして働き方改革をするということは、消費者としての私たちが便利さを手放すことも必要になる。正月から夜遅くまで営業しているショッピングセンターや深夜も開いているレストランなどは、誰かの長時間労働で支えられており、その人たちも家族がいることを忘れてはならない。これから働き手は減っていく。本当に必要な働き方やサービスはどうあるべきかを考える段階にきている。

第五に保育士の給与改善が必要である（保育士だけではなく、介護福祉士の処遇改善も必要だ。すでに介護福祉士の養成校は深刻な定員割れが続き、介護福祉士不足も深刻である）。だが、保育士の給与を改善するということは、私たちが税金でいま以上に負担する必要がある。自分たちが負担するという覚悟を決めない限り、保育士の待遇が良くなることはない。

第六に給与改善だけでは保育士は定着しない。責任の重さや事故への不安などを超えて、保育士として働くための自信と技能を身につけられる適切な研修やキャリアパスを構築し、保育士をさらに魅力ある職業にしないといけない。

第七に、東京一極集中、特に中心部への集中をとどめないといけない。地方ではすでに何年も前から少子化で保育所の閉鎖が起こっている一方で、東京には若い世代と子どもが溢れており、保育所申込率も上がり、待機児童解消が見通せない。そしてさらに保育所を増やすために、全国から保育士を吸収し、集中化を加速させている。もはや保育所の供給を増やすだけでは待機児童問題を解決できないように思われる。首都圏中心部の過密化は限界に近く、保育所の設置場所を見つけるのも物理的に困難である。

首都圏でも郊外や周辺部では、園庭のある保育所が多くあり、待機児童がいても少ない。つまり保育の需要の生まれる場所を変えるアプローチも必要だろう。例えばサテライトオフィスの設置や、職場を思いきって中心部から少し外に移すだけでも状況が変わる可能性がある。東日本大震災時の、首都圏での帰宅困難な状況を思い起こせば、それは災害に強い街作りにもなるはずだ。

そうした変化は、保育所への建設反対運動を避けることにもつながるだろう。最近はどこでも保育所への苦情や建設反対の動きはある。それでもまだ都心部に比べれば、地方は土地にも余裕があるため、地域住民の理解を得ることも比較的容易である。

第八に、幼稚園にもっと待機児童解消の役割を果たしてもらうことが必要だ。保育所が子どもで溢れている一方で、幼稚園では定員割れしているところがあるだけでなく、園庭など物理的な環境に恵まれているところが多い。幼稚園が認定こども園になり、低年齢児も含め、保育が必要な子どもたちが通えるようになればかなりの子どもたちを吸収できるはずだ。認定こども園になることによって、かえって収入が減る幼稚園もあるようだが、それは制度設計を変えれば乗り越えられる課題である。幼稚園には私学助成費や施設型給付という形で公費が投入されている。その意味では、幼稚園も公的な存在であり、社会的な役割を期待されている。今までの幼稚園の形にとらわれず、保育所に入れず困っている親子を支え、低年齢児も含めた子どもたちを育む新しい役割を模索してもらいたい。

これからの保育と教育

ここまで、待機児童解消に向けた８つの提案を行った。若い世代が希望を持って子どもを産み育てられる社会に生まれ変わるうえで、保育園問題の解決は試金石といえるだろう。

それでは待機児童問題が解消したとして、就学前児童の保育と教育の問題は解決するのだろうか。少し将来のことを考えてみたい。これまで見てきたように、現在は幼稚園・保育所・認定こども園と、子どもたちの通う場所が３つに分かれている。だが、子どもの人数が減っていくなか、遅かれ早かれ３つの制度の併存は難しくなるだろう。実際、過疎地では実質的に、施設の統合が進みつつある。かつて就学前児童の保育と教育の場を認定こども園に一本化する議論があったが、それが再浮上する可能性がある。

都会の待機児童に目を奪われている間に、地方では急速に少子化が進み、子どもの育成環境が失われつつある。すべての子どもが親の就労状況に関わりなく、子ども集団のなかで社会性を身につけ、体を動かして遊び、基礎的な身体の能力を発達させ、健やかに育つ環境を整えなくてはならない。そのための仕組みを議論すべきである。

「子ども・子育て支援新制度」の議論が始まった当初は、専業主婦の子どもにも週に1日、3〜4時間程度保育を受ける権利を保障するという案が出されたことがある。待機児童問題の前にこの議論は消えてしまったが、いっそう少子化が進展すれば、再度検討すべき案かもしれない。

その際には、乳幼児の保育と教育のあるべき姿について、制度面だけでなく、その内容も新たに検討すべきだ。「子ども・子育て支援新制度」では保育の必要性の認定や給付金の支給ルールを明確化するために、教育と保育が区別されているが、本来分けられるものではない。保育のなかにも学びや教育があり、教育のなかにも子どもの生活を守り育てる側面がある。そのため、ＯＥＣＤの報告書のタイトルも「Education and Care」となっているのだ。

ところで、各国の就学前の保育や教育のあり方には、違いがある。大きく分けて、小学校に進む前の準備として位置づけ、識字教育などを行うアングロサクソン系のカリキュラムと、子どもの権利としての遊びを保証する北欧系のカリキュラムがあるが、日本の保育のカリキュラムは、そのどちらとも構成が違う。秋田喜代美《あきたきよみ》によると、日本の保育は「健康、人間関係、環境、言葉、表現」といった乳幼児期に望まれる生活経験をもとにカリキュラムが組まれており、「日々の遊びと暮らしを大切にする」日本ならではの良さがあるという。少子化が進展する日本の社会環境のなかで、子どもたちにふさわしい保育とは何かを模索しなくてはならない。

また、社会学者の柴田悠《しばたはるか》は、保育を中心として子育て支援を充実させれば、女性などの労働力が増え、子どもの貧困が改善されるなど、さまざまな効果によって社会全体の生産性が上がり、「子育て支援が日本を救う」と分析している。保育所をはじめとした子育て支援を社会にとってのコストではなく、成長の糧と考え、日本社会全体で負担を分かち合い、社会で子どもを見守る国へと変わるよう期待したい。子どもたちへの投資は、私たちの未来への投資でもある。

あとがき

政府は「2017年度末には待機児童をゼロにする」と目標を掲げていた。しかし、17年2月の国会で安倍首相は、目標達成が「非常に厳しい状況にある」と述べた。16年度中も、待機児童のいる自治体で保育所が増設されたが、17年の4月入所の保活の結果、また多くの地域で待機児童が出ることになった。何人ものお母さんたちが「仕事を辞めないといけない」と、暗い表情でニュース画面に映っていたのを見た方もおられるだろう。その表情を見ると、筆者も、自分の子どもがどこの保育所にも入ることができず、途方に暮れたことを痛みとともに思い出す。

一方で、保育所を作ろうとすれば反対運動が起こる。また、「子育て支援の充実」は多くの人が支持するが、その財源を生み出すためには、何かほかの施策をやめなくてはならない。「何を優先するか」だけではなく、かわりに「何をあきらめるか」を決めなくては、行政の現場は回らなくなっている（ご興味があれば、筆者の横浜副市長時代の板挟みの経験を書いた、『福祉がいまできること』を読んでいただければ幸いである）。

私の実家はかつて「ニュータウン」といわれた住宅街にある。赤ん坊の長男を連れて留学する準備をするために、一時期実家に戻り、そこにある保育所に、長男の一時預かりをしてもらっていたことがある。抱き癖をつけていたので、床に座らせると泣く、ということで、ベテランの保育士さんが「下にもおけん殿下よね」と、ずっとおんぶしながら面倒を見てくれていた。

その保育所は、かつて開設されるときには、近隣から反対意見が強く出たらしい。だが、私が長男の一時預かりをお願いしていた20年くらい前には、すっかり地域になじんで、なくてはならない存在になっていた。その保育所があるから、実家に近いからと、共働きの子ども世帯がその地域に戻ってくるようになっていたからだ。

今ではさらに町の高齢化が進み、保育所以外では子どもの声を聞くことも少なくなった。だが、そこから30～40分電車に乗って都心部に出ると、タワーマンションが立ち、待機児童が溢れている。

働きながら子育てしてきた私は、いつも保育所や地域の人たちに助けられてきた。良い保育所や保育士さんに出会い、同じ共働きの親たちの知り合いができ、一緒に悩み、助けあってきた。近所の人たちも親切で優しかった。周りの人たちの助けがなかったら、とても仕事を続けることはできなかったろう。親だけでは子育ては無理なのだ。

子どもが学童保育に通っていた時代には、迎えにきた親とうまく出会えず、ランドセルを背負ってうろうろしている長男を、駅前の酒屋さんが保護してくれたこともあった。友達と学校帰りに道草をするうちに、家に帰る道が分からなくなった次男を、家まで連れてきてくださった方もいた。名前も知らぬ子でも、困っていそうなら声をかけてくれる。そんな気持ちのある大人の方々に、息子たちは守り育てていただいた。あらためて、心から感謝申し上げたい。

次に親になる若い世代の人たちが、子どもを持ったときに、良い保育所だけでなく、地域の人と出会い、いろんな人たちと交じりあいながら豊かな子育てができる社会になってほしいと思う。そしてみなさんには、そんな子育て中の親子をぜひ温かく見守り、助けてあげてほしい。保育所を温かく受け入れ、保育士さんと近所を散歩する子どもたちの姿を楽しんでいただきたい。「ペイ・フォワード」。みなさんが子ども時代に周りの人からもらった支えや愛情を、次世代の子どもたちに与えていただければ幸いである。それはみなさんからの、子どもたちへの贈り物でもある。

また、本書の執筆にあたっては、読者のみなさんに、どうすれば分かりやすく伝わるか、という点において編集者の田中正敏さんから、我慢強く、的確なコメントを数多くいただいた。

最後になるが、いつも私が仕事を続けることを応援し、困ったときにはいつも子育てを助けてくれた母が、孫が全員大きくなるのを待っていたかのように亡くなった。母が孫たちに注いでくれた愛情に感謝し、本書を母に捧《ささ》げたい。

2016年3月

前田正子

参考文献

目黒区（2016）『平成29年度保育施設の利用についてのご案内』

【ウェブサイト】

Norwegian Labour and Welfare Administration “Parental Benefit” https://www.nav.no/en/Home/Benefits+and+services/Relatert+informasjon/parental-benefit

OECD “OECD Family Database” http://www.oecd.org/els/family/database.htm

Swedish Institute “Gender equality in Sweden” https://sweden.se/society/gender-equality-in-sweden/

川崎市こども未来局（2016）『川崎市保育所等整備協力要請制度について』
教育・保育施設等の事故防止のためのガイドライン等に関する調査研究事業（2015）『教育・保育施設等の事故防止のためのガイドラインなどに関するアンケート 自治体調査』（未公開資料）
厚生労働省（2016）『第14回21世紀出生児縦断調査（平成13年出生児）及び第５回21世紀出生児縦断調査（平成22年出生児）の概況』厚生労働省雇用均等・児童家庭局
——（2016）『「保活」の実態に関する調査の結果』
——（2017）『全国厚生労働関係部局長会議（厚生分科会）』
国立社会保障・人口問題研究所（2016）『第15回出生動向基本調査』
全国社会福祉協議会・全国保育協議会（2012）『全国の保育所実態調査報告書2011』
全国保育士養成協議会（2016）『保育士養成のあり方に関する研究研究報告書』
総務省（2017）『住民基本台帳人口移動報告　2016年結果』
千歳市保健福祉部（2015）『認定こども園や保育所等における「なかよし給食」の導入と食物アレルギーの安全対策』
東京慈恵会医科大学（2016）『保育所入所児童のアレルギー疾患罹患状況と保育所におけるアレルギー対策に関する実態調査調査報告書』
東京大学発達保育実践政策学センター（2016）『全国保育・幼児教育施設大規模調査結果報告』
東京都福祉保健局（2014）『東京都保育士実態調査報告書』
——（2015）『平成26年度指導検査報告書』
内閣府子ども・子育て本部（2016）『「教育・保育施設等における事故報告集計」の公表及び事故防止対策について』
——（2016）『企業主導型保育事業について』
西宮市教育委員会（2016）『「教育環境保全のための住宅開発抑制に関する指導要綱」について』
練馬区総務部職員課（2015）『平成27年度練馬区人事行政の運営等の状況の公表』

髙崎順子（2016）『フランスはどう少子化を克服したか』新潮新書
高橋美恵子（2007）「スウェーデンの子育て支援――ワークライフ・バランスと子どもの権利の実現」国立社会保障・人口問題研究所『海外社会保障研究』No. 160, pp. 73-86
田中哲郎（2016）『保育士による安全保育』日本小児医事出版社
日本労働研究機構（2014）『「男女正社員のキャリアと両立支援に関する調査」結果』日本労働研究機構調査シリーズ119
冨士谷あつ子・伊藤公雄編（2014）『フランスに学ぶ男女共同の子育てと少子化抑止政策』明石書店
保育園を考える親の会（2016）『2016年版100都市保育力充実度チェック』
前田正子（2004）『子育てしやすい社会――保育・家庭・職場をめぐる育児支援策』ミネルヴァ書房
――（2008）『福祉がいまできること』岩波書店
――（2014）『みんなでつくる子ども・子育て支援新制度』ミネルヴァ書房
OECD 編、濱田久美子訳（2014）『OECD ジェンダー白書――今こそ男女格差解消に向けた取り組みを！』明石書店
OECD 編、星三和子・首藤美香子・大和洋子・一見真理子訳（2011）『OECD 保育白書――人生の始まりこそ力強く：乳幼児期の教育とケア（ECEC）の国際比較』明石書店
OECD（2011）Doing Better for Families
――（2012）Starting Strong III : A Quality Toolbox for Early Childhood Education and Care
――（2015）Starting Strong IV : Monitoring Quality in Early Childhood Education and Care

【報告書、パンフレットなどの資料】（図表の出典として示したものは省略した）

大阪府（2017）『子ども施設と地域との共生に向けて――子ども施設環境配慮手引書』
神奈川県（2014）『平成26年度神奈川県保育士実態調査結果』

参考文献

秋田喜代美（2016）「現代日本の保育」秋田喜代美監修・山邉昭則・多賀厳太郎編『あらゆる学問は保育につながる——発達保育実践政策学の挑戦』東京大学出版会、pp. 17-44
池本美香（2013）「幼児教育・保育分野への株式会社参入を考える——諸外国の動向を踏まえて」日本総研『JRI レビュー』Vol. 4, No. 5, pp. 54-87
——編（2014）『親が参画する保育をつくる——国際比較調査をふまえて』勁草書房
——（2015）「保育士不足を考える——幼児期の教育・保育の提供を担う人材供給の在り方」日本総研『JRI レビュー』Vol. 9, No. 28, pp. 2-30
池本美香・韓松花（2015）「韓国の少子化対策」小峰隆夫・21世紀政策研究所編『実効性のある少子化対策の在り方——日本の世界史的な役割』経団連出版 pp. 113-138
泉千勢・一見真理子・汐見稔幸（2008）『世界の幼児教育・保育改革と学力』明石書店
魚住明代（2007）「ドイツの新しい家族政策」国立社会保障・人口問題研究所『海外社会保障研究』No. 160, pp. 22-32
神尾真知子（2007）「フランスの子育て支援——家族政策と選択の自由」国立社会保障・人口問題研究所『海外社会保障研究』No. 160, pp. 33-72
黒澤昌子（2011）「米国におけるワーク・ライフ・バランス」『RIETI Discussion Paper Series』11-J-038, pp. 1-24
小林美希（2015）『ルポ　保育崩壊』岩波書店
白波瀬佐和子「アメリカの子育て支援——高い出生率と限定的な家族政策」（2007）国立社会保障・人口問題研究所『海外社会保障研究』No. 160, pp. 99-110
柴田悠（2016）『子育て支援が日本を救う』勁草書房
全国夜間保育園連盟監修・櫻井慶一編集（2014）『夜間保育と子どもたち』北大路書房

前田正子（まえだ・まさこ）

1960年，大阪府生まれ．82年，早稲田大学教育学部卒業．公益財団法人松下政経塾を経て，92年から94年まで米国ノースウェスタン大学ケロッグ経営大学院に子連れで留学し，MBA 取得．94年から2003年まで，ライフデザイン研究所（現第一生命経済研究所）勤務．この間，慶應義塾大学大学院商学研究科後期博士課程修了（商学博士）．03年～07年，横浜市副市長（医療・福祉・教育担当）．07年～10年，公益財団法人横浜市国際交流協会理事長．10年より甲南大学マネジメント創造学部教授．
著書『子育ては、いま』（岩波書店，2003年）
『福祉がいまできること』（岩波書店，2008年）
『みんなでつくる子ども・子育て支援新制度』（ミネルヴァ書房，2014年）
『大卒無業女性の憂鬱』（新泉社，2017年）
など

保育園問題《ほいくえんもんだい》
中公新書 *2429*

2017年 4 月25日発行

著　者　前田正子
発行者　大橋善光

本文印刷　三晃印刷
カバー印刷　大熊整美堂
製　　本　小泉製本

発行所　中央公論新社
〒100-8152
東京都千代田区大手町 1-7-1
電話　販売 03-5299-1730
　　　編集 03-5299-1830
URL http://www.chuko.co.jp/

Published by CHUOKORON-SHINSHA, INC.
Printed in Japan　ISBN978-4-12-102429-9 C1236